Die Autobahn der grünen Wälder
Graz–Wels – Chronik einer Straße
von DI Edgar J. Bublik
mit Beiträgen von Dr. Hannes Androsch und Dr. Walter Nowy
erschienen im manumedia_schnider_verlag

Den beim Bau der Strecke tödlich Verunglückten gewidmet,
die mit ihrem höchsten Einsatz diesen Weg durch die Alpen
für künftige Generationen bereitet haben.

Für die Unterstützung bei der Quellensuche, den Zugriff auf das Bildmaterial und den Zugang zu den Archiven sei dem Vorstand der ÖSAG, den Baudirektionen der Bundesländer Oberösterreich und Steiermark sowie den ihnen nachgeordneten Dienststellen gedankt.

Folgende Personen haben mit ihren Erinnerungen und Ergänzungen, aber auch durch ihre Hilfsbereitschaft besonders geholfen, diese Chronik zusammenzutragen: Autobahnmeister Dieter Dorrer, Monika Egger, WHR. i. R. Dipl.-Ing. Egon Glatz, WHR. Dipl.-Ing. Wolfgang Gobiet, Günther Gruber, Dipl.-Ing. Walter Höllhuber, Dipl.-Ing. Gernot Latal, Dipl.-Ing. Franz Lenz, WHR. i. R. Dr. Karl Maitz, Dr. Walter Nowy (Geologie), Mag. Anita Oberholzer, Dipl.-Ing. Peter Perl, Autobahnmeister Hans Pramberger, Generaldir. i. R. Dr. Gerhard Puschmann, Dr. Wolfgang Schock, Prok. i. R. Dipl.-Ing. Gerhard Stix, ObBR. i. R. Dipl.-Ing. Klaus Wandschneider, Betriebsleiter Ing. Edmund Zach.

Auch ihnen an dieser Stelle ein herzliches Dankeschön!

# Inhaltsverzeichnis

BAUZEITDIAGRAMM UND LÄNGENSCHNITT

## Der Bundesminister für Verkehr, Innovation und Technologie

Mit der Fertigstellung der Tunnelkette Klaus im Zuge der Pyhrn Autobahn und der Welser Westspange im Zuge der Innkreis Autobahn ist es endlich gelungen, die berüchtigte Transit- und Gastarbeiterroute, die zum Schrecken aller Verkehrsteilnehmer und der an dieser Route Wohnenden geworden war, fast durchgehend zu entschärfen. Ein kurzer Abschnitt, die Umfahrung von Micheldorf, wird dieses Werk im Jahr 2004 vollenden.

Die Pyhrn Autobahn nimmt in den großen europäischen Nord-Süd-Transversalen auch deshalb einen besonderen Rang ein, weil mit dieser Autobahn der niedrigste Alpenübergang von nur 855 m Seehöhe dem Verkehr zur Verfügung steht, während alle übrigen Alpenübergänge, so auch der Brenner- und der Tauernübergang, um rund 500 m höher liegen.

Die gesamte Straßenverbindung der A 9 Pyhrn Autobahn mit anschließender A 8 Welser Westspange war aus Gründen der ökologischen Sensibilität des Raumes, aber auch aus topographischen Gründen zum Teil bautechnisch anspruchsvoll und kostenintensiv herzustellen.

Als großes Problem stellte sich auch die Finanzierung dieser Strecke aus den zweckgebundenen Haushaltmitteln des Bundes dar, weshalb 1971 mit der Schaffung der Pyhrn Autobahn AG (vormals GABAG) per Bundesgesetz (Pyhrn-Autobahn-Finanzierungsgesetz) der Grundstein für die Sicherstellung der Finanzierung gelegt wurde.

Trotz all dieser Schwierigkeiten und Unterbrechungen hat Österreich damit nicht nur die Verkehrsverbindung zwischen zwei Bundesländern entscheidend verbessert, durch den Bau dieser alpenquerenden Autobahn kommt es auch seiner europäischen Pflicht auf dem Verkehrssektor nach, die Wege zwischen den hoch industrialisierten west- und nordwesteuropäischen Räumen der EU und dem südosteuropäischen Raum den Bedürfnissen unseres Jahrhunderts anzupassen.

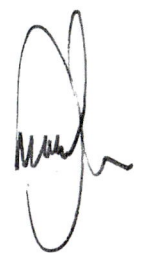

Hubert Gorbach

Beinahe wäre es eine „Unendliche Geschichte" geworden – der Bau der Autobahnverbindung zwischen Graz und Wels. Dass dies nicht geschehen ist und die endgültige Fertigstellung für das Jahr 2004 erwartet werden kann, ist einigen tatkräftigen und verantwortungsbewussten Persönlichkeiten, die auch in diesem Buch lobend erwähnt werden, zu danken.

Der älteren Generation sind die Schreckensmeldungen über die berüchtigte „Gastarbeiterroute" heute noch in lebendiger Erinnerung.

Mit der Fertigstellung der Autobahnverbindung Graz–Wels gewinnt auch der Wirtschaftsstandort Steiermark zusätzliche Attraktion durch die moderne Verkehrsanbindung an die großen Wirtschaftsräume unseres Kontinentes, insbesondere seitdem im Südosten Europas wieder Frieden herrscht. Und im kommenden Jahr werden Slowenien und Ungarn als Vollmitglieder der Europäischen Union angehören – das wird auch unmittelbare Auswirkungen auf unsere Heimat Steiermark haben.

In diesem Buch werden Geschichte und Entwicklung, alle Geschehnisse rund um diesen Autobahnbau eingehend dokumentiert und von Fachleuten beschrieben.

Mein Dank gilt allen jenen, die in dieser oder jener Weise an der Planung, an der Verwirklichung, an der Finanzierung, vor allem an dem Bau und der Fertigstellung dieses für unser Heimatland Steiermark so entscheidenden infrastrukturellen Projektes Anteil hatten. Insbesondere gilt mein Dank den bauausführenden Firmen mit ihren Mitarbeiterinnen und Mitarbeitern.

Waltraud Klasnic
Landeshauptmann der Steiermark

## Gedanken zur Fertigstellung
## Freie Fahrt auf der A 9 Pyhrn Autobahn

In Oberösterreich befindet sich die größte Autobahnbaustelle Österreichs. 2003/2004 werden wir den Lückenschluss im oö. Autobahnnetz erreichen. In einem weiteren Schritt wollen wir die großen Korridore in Oberösterreich – A 26, S 10, B 309 – zu durchgängig leistungsfähigen Verkehrsadern ausbauen.

Mehr als 436 Mio. Euro werden in den nächsten Jahren in den Lückenschluss des oö. Autobahnnetzes investiert. Der Lückenschluss im oö. Autobahnnetz ist also in greifbarer Nähe. Im hochrangigen Straßenausbau ist in Oberösterreich derzeit sehr viel in Bewegung, noch nie in der Geschichte wurden so viele große Projekte auf einmal realisiert. Klare und geradlinige, manchmal auch kantige Politik im Autobahnbau haben sich gelohnt.

2001 ging der letzte Abschnitt der A 9 Pyhrn Autobahn, Inzersdorf–Schön, in Bau. Ende 2003/ Anfang 2004 wird die gesamte Pyhrnautobahn inklusive der Welser Westspange durchgehend befahrbar sein. Anschließend wird mit dem Vollausbau der A 9 Pyhrnautobahn begonnen.

Die rasche Realisierung der wichtigen Autobahnverbindungen ist auch eine Frage der Sicherheit. Nur mehr einer von zehn Unfalltoten in OÖ war in den vergangenen vier Jahren den Autobahnen zuzuordnen.

Ziel des Landes Oberösterreich ist es, Oberösterreichs Autobahnnetz zur „intelligenten Straße der Zukunft" auszubauen und sichere, bequeme und effiziente Verkehrswege zu bieten.

Franz Hiesl
Landeshauptmann-Stellvertreter

## Verkehrspolitik
## braucht wieder Priorität

Dr. Hannes Androsch

In der Darstellung des Bundesbudgets 1972 vor dem Nationalrat am 12. November 1972 findet sich unter der Überschrift „Ohne Saat keine Ernte" folgendes Zitat:

„Die Lebenskraft eines Zeitalters liegt nicht in seiner Ernte, sondern in seiner Aussaat."

In diesem Satz des Dichters Ludwig Börne ist ein wesentlicher Grundsatz der Bestrebungen und Zielsetzungen der damaligen Bundesregierung verdichtet.

Der Bau der Pyhrn Autobahn ist eines der konkreten Beispiele dieser Politik des Säens, des Ausbauens, der Vorbereitung Österreichs auf die europäische Zukunft. Das Projekt einer leistungsstarken Verkehrsverbindung zwischen den Wirtschaftsräumen Graz und Linz war 1970 schon einige Zeit in Diskussion. Obwohl sich der legendäre steirische Landeshauptmann Josef Krainer sen. und sein sozialistischer Stellvertreter Adalbert Sebastian für dieses bedeutsame Projekt gemeinsam stark machten, fanden sie bei der Regierung Klaus wenig Gehör.

Mit 1970 änderten sich nicht nur die politischen Verhältnisse im Lande, sondern mit der Regierung Kreisky auch der Zugang und das Verständnis für infrastrukturelle Großprojekte. Dazu kam eine glückliche personelle Konstellation. Mit dem Steirer Josef Moser als Bautenminister erhielten die steiermärkischen Anliegen einen sachkundigen Anwalt in der Bundesregierung.

Praktisch von der ersten Stunden an wurde diese grundsätzliche Änderung im politischen Denken und Handeln öffentlich dokumentiert. Bereits im ersten Bundesbudget – noch aus der Minderheitsregierung heraus – wurden die ersten finanziellen und rechtlichen Grundlagen für den Planungsbeginn geschaffen.

Ich konnte den budgetären Ansatz im Namen der Bundesregierung vor dem Nationalrat am 20. Oktober 1970 mit folgenden grundsätzlichen Feststellungen untermauern:

„Vor unseren Augen vollziehen sich Änderungen der Wirtschafts- und Bevölkerungsstruktur, die ihren selbstverständlichen Niederschlag in den Staatsausgaben finden. Es entwickeln sich Ballungsräume, die einen erhöhten Aufwand an Infrastrukturinvestitionen verursachen.

Das Verkehrsnetz, das Informationswesen und die Nachrichtentechnik müssen ständig den wachsenden Anforderungen angepasst werden. Die Sicherung der Umweltbedingungen und damit der Lebensgrundlagen erfordert bedeutende öffentliche Mittel.

Die Menschen unserer Industriegesellschaft werden ihren Wohlstand nur dann sinnvoll nutzen können, wenn zugleich für ausreichende öffentliche Leistungen gesorgt wird."

Auf Grund der unterschiedlichen, vielfach sehr schwierigen geologischen Verhältnisse und der präliminierten Kosten war von Anfang an klar, dass der Ausbau nur schrittweise erfolgen konnte.

Die politische Kultur jener Zeit erlaubte es, die „Gründung" der „Gleinalm Autobahn Aktiengesellschaft" als der mit der Baudurchführung betrauten Sondergesellschaft per Handschlag zwischen LH Krainer, Bundesminister Moser, dem steirischen Finanzlandesrat Klauser und mir bereits im Frühjahr 1971 festzulegen (die formale Gründung am 23. Dezember 1971 hat LH Krainer durch seinen plötzlichen Tod leider nicht mehr erlebt).

Der Anlass für diese Chronik „Die Autobahn der grünen Wälder" ist, so vernehme ich, die nahe

Fertigstellung von zwei weiteren Bauabschnitten. Das gibt Anlass zur Freude. Trotzdem sei mir erlaubt, mein Bedauern nicht zu verbergen, dass der Aufbruchsschwung, der zu Beginn des Baues herrschte, nicht durchgehalten werden konnte. Aus welchen Gründen auch immer. Daher ist es Faktum, dass im 32. Jahr seit Baubeginn noch immer Lücken geschlossen werden müssen. Die Entwicklung des Verkehrs, vor allem aber das Entstehen des großen Europa mit den nächsten Schritten der Erweiterung mahnen – über das Projekt Pyhrn Autobahn hinaus – an grundsätzlichen verkehrspolitischen Zielsetzungen der 70er Jahre fetzuhalten.

Infrastrukturinvestitionen – vom Verkehr bis hin zu unseren Bildungseinrichtungen – sollten wiederum politische Priorität erhalten, denn die Lebenskraft eines Zeitalters liegt nicht in seiner Ernte, sondern in seiner Aussaat. Im Übrigen gilt dies auch für den Schienenverkehr, überhaupt für die Frage eines intelligenten und integrierten Mobilitätsmanagements.

Dem Autor und seinerzeitigen Vorstandsmitglied der PAG, Dipl.-Ing. Edgar Bublik, Respekt und Anerkennung für das sachkundige und engagierte Verfassen dieser Chronik.

## Sehr geehrte Bürgerinnen und Bürger!

Mit der Verkehrsfreigabe des Teilstückes „Schön–Lainbergtunnel-Nord", der so genannten „Tunnelkette Klaus", rücken wir der Gesamtfertigstellung der Pyhrn Autobahn in Oberösterreich ein großes Stück näher. Wenn Ende 2004 auch die letzte Lücke zwischen Inzersdorf und Schön geschlossen sein wird, so bedeutet dies einen Meilenstein in der Geschichte des österreichischen Autobahnbaus. Dreißig Jahre nach dem Startschuss für den Sondierstollen des Gleinalmtunnels ist die 230 km lange Pyhrn Autobahn dann durchgehend von Sattledt (OÖ) bis Spielfeld (Stmk.) als Autobahn befahrbar – eine Straßenverbindung, die nicht nur für den innerösterreichischen Nord-Süd-Verkehr von Bedeutung ist. Zusammen mit der im Norden anschließenden Innkreis Autobahn bis zum österreichisch-deutschen Grenzübergang Suben und der weiterführenden Autobahn Suben–Regensburg–Nürnberg bildet die Pyhrn Autobahn eine gemeinsame Wirtschaftsachse für die Länder Bayern, Oberösterreich, Steiermark sowie für den Südosten Europas und trägt damit zur Stärkung des Wirtschaftsstandortes Mitteleuropa bei.

Neben dieser internationalen Bedeutung für den Warenaustausch bietet die Pyhrn Autobahn als niedrigster innerösterreichischer Alpenübergang (rund 950 m) für den Verkehrsteilnehmer eine rasche und sichere Alpenquerung. Sämtliche Tunnel der heuer in Betrieb gehenden „Tunnelkette Klaus" wurden dem modernsten Stand der Sicherheitstechnik entsprechend ausgerüstet. Die älteren Tunnel wurden bzw. werden sukzessive gemäß dem Tunnelsicherheitsprogramm der ASFINAG nachjustiert, ebenso wie die Tunnelüberwachungszentralen. Die Finanzierung sämtlicher Neubau- und Erhaltungsmaßnahmen des österreichischen hochrangigen Straßennetzes erfolgt über die Einnahmen aus Maut und Vignette. Erst die Einführung der Vignette im Jahr 1997 ermöglichte den Baubeginn der „Tunnelkette Klaus". Mit den künftigen Einnahmen der geplanten LKW-Maut ab 1. 1. 04 können der Lückenschluss in Oberösterreich zwischen Inzersdorf und Schön vollendet und der Bau der zweiten Röhre für den Lainbergtunnel in Angriff genommen werden.

Dipl.-Ing. Alois Schedl
Geschäftsführer ÖSAG

Dipl.-Ing. Franz Lückler
Vorstand ASFINAG

# Warum GRAZ–WELS?

### Einführung ins Thema

Anlass zur vorliegenden Chronik ist die Fertigstellung von zwei für den Lückenschluss wesentlichen Abschnitten der wichtigsten Straßenverbindung zwischen Oberösterreich und der Steiermark.

Die ersten Studien für einen leistungsfähigen Verkehrsweg von Wels über den Pyhrnpass und Liezen nach Graz, die Pyhrnstrecke, stammen noch aus einer Zeit, lange bevor der Begriff PYHRN AUTOBAHN überhaupt entstand.*

Für die Republik war dann die Verbindung der Wirtschaftsstandorte im oberösterreichischen Zentralraum mit der Industrie in der Obersteiermark und Graz lebenswichtig.

Als E 57 Teil eines europäischen Verkehrswegenetzes sollte die Autobahn eine Nordwest-Südost-Achse über den niedrigsten Ostalpenpass bilden und überregional Nürnberg mit Zagreb verbinden. Eile war geboten, denn über Frankfurt–Nürnberg–Regensburg–Passau näherte sich der Ausbau der deutschen Bundesautobahn A 3 unaufhaltsam der österreichischen Grenze bei Suben. Über kurz oder lang würde diese Strecke zur alternativen Transitroute in Richtung Balkan mit Umfahrung des überlasteten Großraumes München werden, ob Österreich es nun wollte oder nicht.

Die Vorstudien wurden bis 1968 unter dem Begriff „AUTOBAHN LINZ/WELS–GRAZ–STAATSGRENZE bei Spielfeld" bearbeitet.

Parallel dazu gab es in der Steiermark das regionale Problem einer fehlenden Schnellverbindung von Graz mit den obersteirischen Industriegebieten im Becken von Zeltweg und im Raum Liezen. Im November 1969 begannen daher gezielte Bemühungen um eine Autobahnverbindung mit Untertunnelung der Gleinalm. Mehr dazu im Kapitel 2.

Erst im Bundesstraßengesetz 1971 scheint die Strecke unter den Bezeichnungen A 8 INNKREIS- und A 9 PYHRN AUTOBAHN erstmals auf. Sie wurde so definiert: von der Staatsgrenze bei Suben nach Sattledt bzw. von Sattledt nach Spielfeld. Nun war Sattledt eine Gemeinde in Oberösterreich mit gerade einmal 2000 Einwohnern, demnach kein Ort mit Ziel- und Quellverkehr, wäre da nicht in der Nähe die Kreuzung mit der A 1 Westautobahn, gleichzeitig Europastraße F 14, gelegen.

Für die Darstellung des Baues vernachlässigen wir daher die Unterteilung und betrachten die Verbindungsstraße zwischen den beiden großen Städten Graz und Wels als Einheit.

Seit 1971 wird also an dieser Strecke gebaut. Wenn wir auch noch die Schließung der allerletzten Lücke, die Umfahrung Kirchdorf/Micheldorf, im Jahre 2004 einbeziehen wollen, werden dann 33 Jahre vergangen sein, eine ganze Generation.

Freilich konnte aus finanziellen, aber auch aus anderen Gründen nicht kontinuierlich gearbeitet werden, wie man unschwer dem beiliegenden Bauzeitdiagramm entnehmen kann.

Wir können vier Bauperioden unterscheiden:

die Verbindung von Graz ins Murtal oberhalb von Leoben,

den Lückenschluss auf dem Schoberpass und damit die Fertigstellung der Verbindung von Mur- mit Ennstal,

den Bosruckabschnitt vom Ennstal bis Windischgarsten

und schließlich den Lückenschluss zwischen Windischgarsten und Wels.

Dazwischen lagen jahrelange Unterbrechungen ohne Bautätigkeit, im Falle Schoberpass neun, beim Weiterbau ab Windischgarsten sieben Jahre. Auf die Ursachen wird im Verlauf des Buches eingegangen.

Nicht immer war man in all den Jahren von der Notwendigkeit des Weiterbaues und der Fertigstellung überzeugt. Auch aus der Bevölkerung der zu durchfahrenden Täler kam Widerstand.

So findet man in der vom Bundesministerium für Bauten und Technik veröffentlichten DRING-LICHKEITSREIHUNG 1980 den 19,4 km langen Abschnitt Steyrtal–Windischgarsten nur mit Dringlichkeitsstufe 2 versehen. Dem Lückenschluss auf dem Schoberpass, der 38,7 km langen Strecke Gaishorn–Traboch, wurde überhaupt keine Dringlichkeitsstufe zuerkannt. Um die Dinge wieder in Bewegung zu bringen, veröffentlichte die Fachabteilung IIa der Steiermärkischen Landesregierung unter Federführung des heutigen Vorstands der ASFINAG, Dipl.-Ing. Lückler, im März 1988 eine Studie als Basis für eine Resolution des Landes Steiermark an die Bundesregierung.

Der Grund war, dass nach Fertigstellung der durch die ausgegliederte Gesellschaft PYHRN AUTOBAHN AG errichteten Abschnitte keine weiteren Mittel budgetiert und die gesetzlichen Rahmen für Sonderfinanzierungen erschöpft waren. Zu viele andere Infrastrukturprojekte waren im Laufe der Jahre der ASFINAG aufgebürdet worden.

Durch eine für die A 9 glückliche Fügung (siehe Kap. 10) kam es am 9. Juni 1988 zu einer weiteren Gesetzesnovelle, und ab Dezember 1988 konnte weitergebaut werden. Ein Vorteil für den dann doch im Mai 1993 erfolgten steirischen Lückenschluss war, dass auf weite Strecken der schon beschlossene Ausbau der Bahnstrecke über den Schoberpass parallel zur Autobahntrasse erfolgen konnte, was gewisse Synergieeffekte brachte.

Etwas anders gelagert waren die Dinge in Oberösterreich. Hier waren jahrzehntelang Interventionen, Diskussionen, Umplanungen, Bürgerinitiativen Pro und Kontra gelaufen.

Insbesondere im Bereich der Umfahrung von Kirchdorf und Micheldorf (Abschnitt Inzersdorf–Schön) konnte bei der Trassenfindung zwischen den betroffenen Gemeinden und dem Bundesministerium für wirtschaftliche Angelegenheiten kein Einvernehmen erzielt werden. Ähnlich gelagert waren die Umstände, die zur Verzögerung des Anschlusses vom Voralpenkreuz nach Norden bis Wels, der so genannten Westspange, führten. Auch darüber wird in den jeweiligen Kapiteln zu berichten sein.

So konnten öfter die bereitgestellten Mittel nicht verbaut werden, und ein Autobahntorso stand in der Gegend herum. Der entscheidende Durchbruch gelang erst nach Erfüllung kostspieliger ökologischer Ausgleichsmaßnahmen.

Zur Ausfinanzierung der letzten Abschnitte trug die Einführung der Autobahnvignette ab 1. Jänner 1997 wesentlich bei.

Neben dem Bau der Strecke wird in weiteren Kapiteln aber auch auf die Erhaltung, die Bemautung von zwei Abschnitten und auf die Verkehrssicherheit eingegangen.

Mehrere in kürzesten Zeitabständen erfolgte katastrophale Unfälle in österreichischen und ausländischen Straßentunneln brachten neue Erkenntnisse, die in Folge beschleunigt zu Verbesserungen und Nachrüstungen auf den allerletzten Stand der Technik, ja zu neuen Lösungsansätzen führten.

Die den Alpenbogen mit vielen Tunneln und Kunstbauten querende Autobahn hat auch erdgeschichtlich und bodenmechanisch interessante Aufschlüsse gebracht, über die ein auf vielen Baulosen tätiger Ingenieurgeologe zu Wort kommt.

Schließlich konnten so manche Erinnerungen von bei der Errichtung oder im Betrieb aktiven heutigen und ehemaligen Mitarbeitern in die entsprechenden Kapitel eingeflochten werden, Besinnliches, Trauriges und Heiteres.

Die durchgehende Autobahnverbindung von Wels nach Graz wird nun endlich Realität, 186 Kilometer, an deren Entstehen ich bei 77 km aktiv dabei sein konnte.

32 Jahre sind seit der Gründung der GABAG vergangen, insgesamt zehn Minister (Moser, Sekanina, Übleis, Graf, Schüssel, Farnleitner, Schmid, Forstinger, Reichhold, Gorbach) waren im Laufe der Jahrzehnte mal länger, mal kürzer für das Straßenbauressort zuständig.

Der Verfasser legt Wert auf die Feststellung, dass alle aus den mehrfach überprüften und gesicherten chronologischen Daten, aus dem Ziffernmaterial sowie aus den Interviews abgeleiteten Schlüsse seine persönliche Meinung darstellen, die nicht unbedingt mit den Ansichten der befragten Personen oder erwähnten Institutionen übereinstimmen muss.

So wünscht der Chronist viel Vergnügen beim Lesen und eine unfallfreie Fahrt auf der Strecke Graz–Wels.

GLÜCK AUF!

Am Reinegg, im Juni 2003

---

* Siehe unter Matl, F. im Literaturverzeichnis

# 1
## Die ersten Planungen zur Pyhrnstrecke

*Der historische Weg über den Pyhrnpass war in Vergessenheit geraten. Erst mit dem Bahnbau und der Eröffnung des Bosrucktunnels 1905 wurden die Täler der Pyhrn-Priel-Region wieder erschlossen. Studien für eine Autobahn begannen vor dem Zweiten Weltkrieg.*
*Der Teilausbau der bestehenden Bundesstraßen genügte um 1963 nicht mehr, der Ruf nach einer hochrangigen Verbindung wurde immer lauter.*

Es begab sich im Jahre 1967, als der 25-jährige soeben graduierte Dipl.-Ing. Egon Glatz in die Dienste des Landes Steiermark trat. Die buchstäblich erste Arbeit, die ihm von seinem Vorgesetzten in der Baudirektion übertragen wurde, schien zu diesem Zeitpunkt eine wahre „Orchideenaufgabe", sollte er doch den möglichen Ausbau des Verkehrsweges von Wels bzw. Sattledt nach Graz bis zum Anschluss an die Europastraße E 93 in Richtung Marburg bzw. Agram untersuchen.

Das Netz der internationalen Hauptverkehrsstraßen im östlichen Teil Österreichs, das durch die Westautobahn, die Südautobahn und die Tauernschnellstraße gebildet werden sollte, wies innerhalb dieser Straßenzüge einen großen leeren Bereich auf. Eine beachtliche Anzahl wichtiger von außen kommender Fernstraßen zeigte die zwingende Notwendigkeit einer Durchquerung des Raumes zwischen Linz und Graz.

Doch nicht nur für den Fernverkehr, sondern vor allem auch für Innerösterreich schien eine Linie von großer Bedeutung, die die beiden Wirtschaftsräume Oberösterreich und Steiermark mit damals rund 2,25 Millionen Einwohnern verbinden würde. Graz und Linz waren überdies nach Wien die beiden größten Städte Österreichs.

Mehrmals im Jahr, zu den Betriebsferien der großen deutschen Autowerke, sorgte auch schon die so genannte Gastarbeiterroute in den Schlagzeilen der Medien für Aufmerksamkeit. Der zunehmende Verkehr durch das Enns-, Palten- und Liesingtal und weiter über Leoben, Bruck und Graz nach Spielfeld verursachte Staus und schwerste Verkehrsunfälle. Sie wurde zur Todesstrecke des Landes.

Dipl.-Ing. Glatz begann mit einer Vorstudie über die Trassenführung im steirischen Bereich von Graz zur steirisch-oberösterreichischen Grenze bei Liezen. Es hatte auch schon während des Zweiten Weltkriegs Überlegungen und Untersuchungen über eine solche Verbindung aus strategischen Gründen (schnelle Militärbewegungen in Richtung Balkan) durch die RAB (Reichs-Autobahnen-Gesellschaft) gegeben. Diese Unterlagen wurden in Linz in einigen Kartons verwahrt. Das Kartenmaterial war schlecht, die Schichtenlinien im Höhenabstand von 100 m waren nicht einmal für eine Vorstudie geeignet. Erst mit Hilfe der neuen Österreichkarte im Maßstab 1: 50.000 konnten genauere Studien in Angriff genommen und alte Annahmen berichtigt werden. So etwa stellte sich heraus, dass die ursprünglich nur auf 5 km Länge geschätzte Untertunnelung der Gleinalm einer Straßensteigung von 6 % bedurft hätte. Das hätte eine extreme Behinderung für den modernen Schwerverkehr bedeutet. Bekanntlich ist der Gleinalmtunnel mit nun 8320 m Länge der zweitlängste der gesamten Pyhrnstrecke. Bei seiner Eröffnung der längste unter Verkehr stehende Straßentunnel Österreichs, heute nach Arlberg und Plabutsch an dritter Stelle, zählt er auch heute zu den ganz Großen der Welt.

Die Vorstudien wurden im Maßstab 1:25.000 angestellt und mehrere Varianten entwickelt. Aus heutiger Sicht bemerkenswert sind die damaligen Untersuchungen zweier Abschnitte, des Bosrucküberganges und der Teilstrecke Graz–St. Michael, während sich die Teilstrecke St. Michael–Liezen mit dem 849 m hohen Schoberpass von Anbeginn im Wesentlichen an den Verlauf des Liesing-Palten-Tales halten konnte.

Die zahlreichen Varianten zur Umfahrung Graz und zur Unterflurtrasse Eggenberg, die letztlich zur politischen Entscheidung Plabutschtunnel führte, sind zu umfangreich, um hier behandelt zu werden, und haben auch mit dem Thema dieses Buches, nämlich der Verbindung Graz–Wels wenig zu tun, sieht man von der Situierung der Anschlussstelle Graz-Nord ab.

Zur Querung des Pyhrn-Bosruck-Massivs an der steirisch-oberösterreichischen Grenze wurden drei Varianten ausgearbeitet, und zwar zwei mit einem Scheitel- und eine mit einem Basistunnel. Die Längen der Scheiteltunnel lagen bei 3250 bzw. 3750 m, die des Basistunnels betrug 5800 m (zum Vergleich: die später zur Ausführung gelangte Oströhre des Bosrucktunnels ist 5500 m lang). Schon zu diesem Zeitpunkt war aus der Baugeschichte des 1905 eröffneten Eisenbahntunnels bekannt, dass damals ernste geologische Schwierigkeiten im Haselgebirge (Gips-Anhydrit) aufgetreten waren. Mit diesem Problem war aber bei allen drei Varianten zu rechnen.

Die Trasse 1 d hätte von Graz kommend nach dem Selzthaltunnel und der Querung des Moores nach Westen bis knapp vor Liezen geführt, den Salberg mit einem 1000 m langen Tunnel durchquert, der eine Steigung von 3,4 % hätte

aufweisen müssen, um den Pyhrnbachgraben zu erreichen. Die Trasse wäre dann den Pyhrnbach entlang angestiegen und hätte das Südportal unterhalb der Bundesstraßenserpentinen von Haßeck auf 832 m ü. M. erreicht. Diese Rampe lag mit einer Steigung von 4 % im Winter exponiert. Der 3250 m lange Tunnel selbst wäre fast zur Gänze auf oberösterreichischem Gebiet gelegen und hätte ein Gefälle von 1,2 % aufgewiesen. Da diese Variante auch mit Abstand die längste war, wurde sie nicht weiter verfolgt.

Die anderen beiden Varianten führten nach der Querung des Ennstales entlang der Gesäuse-Bundesstraße nach Osten. In einem Falle wäre das Tunnelportal für den langen Basistunnel 300 m östlich von Pürgschachen gelegen, im anderen Falle wäre die Trasse oberhalb der Ortschaft Ardning und dann den Ardninggraben aufwärts verlaufen. Das Südportal des 3750 m langen Tunnels wäre am Fuße der Angeralm auf 800 m gelegen.

Der letzteren Trasse wurde lange Zeit aus Kostengründen der Vorzug gegeben. Warum schließlich ein Mittelweg zwischen den Varianten 1a und 1c zur Ausführung kam, wollen wir in einem späteren Kapitel darlegen.

Für den autobahnmäßigen Ausbau der Verbindung von St. Michael ob Leoben nach Graz wurde auch die Trasse entlang des großen Murknies über Leoben, Bruck und Peggau untersucht. Dazu gab es in verschiedenen Bereichen Studien von Prof. Paul Petrovic zur so genannten „Mürztal-Autobahn". Aus heutiger Sicht stellen die damaligen Studien der Varianten von Glatz den Beginn der Planung für die später begonnenen und fast fertig gestellten Schnellstraßen durch das mittlere Murtal dar.

Interessant sind die Variantenuntersuchungen für die kürzeste aller Möglichkeiten, nämlich die Querung der Gleinalm. Danach hätte die Linie von Graz kommend zwischen Gratkorn und Gratwein die Mur gequert, wäre in weiterer Folge dem Stübinggraben gefolgt und hätte erst durch einen 1300 m langen Tunnel unter dem Wartkogel das Übelbachtal erreicht. Der Gleinalmtunnel hätte eine Länge von 7400 m aufgewiesen, mit einer vergleichbaren Scheitelhöhe von 835 m (heute 817 m).

Die Wahl fiel letztendlich auf die modifizierte Variante 1b, die vorerst für eine Richtungsfahrbahn die bereits bestehende Umfahrung Gratkorn mit dem Gratkorner Tunnel mitbenutzen wollte. Probleme stellten sich durch die Querung des Wasserschutzgebietes Friesach der Grazer Stadtwerke. Nach Querung der Mur hätte der Bergrücken des Schartnerkogels mit einem lediglich 250 m langen Tunnel durchstoßen werden sollen. Dass vor der Ausführung zahlreiche Modifikationen dieser sparsamen Variante notwendig wurden, hing vor allem damit zusammen, dass in der Zwischenzeit die Siedlungsgebiete an die geplante Trasse herangerückt waren. Auch darüber soll in weiterer Folge berichtet werden.

Die Vorarbeiten von Dipl.-Ing. Glatz und seiner Mitarbeiter in der Fachabteilung II c der Landesbaudirektion Steiermark wurden im Jahre 1968 beendet, trugen den Titel:
VORSTUDIE ÜBER DIE TRASSENFÜHRUNG IN DER TEILSTRECKE LANDESGRENZE OB. ÖSTERR. / STEIERMARK–GRAZ DER AUTOBAHN LINZ / WELS–GRAZ–STAATSGRENZE und wurden am 22. April 1968 an das Bundesministerium für Bauten und Technik gesandt.

Das BMBT bestätigte mit Schreiben vom 9. Mai 1968 den Empfang und verwendete dabei (nach dem Quellenstudium des Verfassers) erstmals den Begriff „PYHRN-AUTOBAHN". Damit haben wir das eigentliche Geburtsjahr der Pyhrn Autobahn festgelegt.

Mit der Vorstudie wurde die Aufnahme in die Bundesstraßengesetznovelle 1968 beantragt. Doch erst am 16. Juli 1971 beschloss der Nationalrat im Bundesstraßengesetz 1971, die Pyhrn Autobahn als A 9 ins Verzeichnis der Bundesstraßen A (Bundesautobahnen) aufzunehmen.

Von da an ging es in der Steiermark vorerst schnell weiter, wie wir im nächsten Kapitel erfahren werden.

Über die Vorarbeiten auf oberösterreichischer Seite existieren ebenfalls Aufzeichnungen. Eine erste Übersichtskarte der Oö. Landesbaudirektion im Maßstab 1:50.000 zeigt den Planungsstand vom März 1975. Die aus dem Archiv des Landes gewonnenen Erkenntnisse werden den jeweiligen Baukapiteln vorangestellt.

## 2
## Ein entscheidender Schritt – die Gründung der GABAG

*Pläne gab es nun, auch Namen und Nummer, die Aufnahme ins Bundesstraßenverzeichnis stand bevor, aber wie den Bau finanzieren? Für zusätzliche Straßenprojekte standen keine Budgetmittel zur Verfügung. So wurde die Brenner Autobahn AG zum Vorbild.*

Wir haben im vorigen Kapitel die unmögliche Situation geschildert, mit der die steirische Bevölkerung entlang der Transitstrecke belastet wurde. Von der Salzburger Grenze bei Mandling bis zum Grenzübergang Spielfeld rollte Tag und Nacht der Schwerverkehr, und zu Zeiten der Weihnachts-, Oster-, Sommer- oder der Werksferien in den deutschen Automobilwerken kam es durch die dort tätigen Gastarbeiter zum Verkehrsinfarkt.

Wohl gab es bereits Pläne für einen Ausbau – mit kleinen lokalen Umfahrungen sowie Straßenstücken, die eine der beiden Richtungsfahrbahnen bilden sollten, hatte man begonnen –, aber mit den aus dem ordentlichen Budget kommenden Mitteln würde man Jahrzehnte brauchen, um eine wirklich spürbare Entlastung für die Bevölkerung zu schaffen.

Schon im Jahre 1962 hatte man ein Finanzierungsmodell für Großprojekte des Bundes entwickelt. Demnach sollten Aktiengesellschaften mit Beteiligung der Länder geschaffen werden, die berechtigt waren, Fremdmittel auf dem Kapitalmarkt aufzunehmen. Damit wurde eine Vorfinanzierung außerhalb des Budgets er-

möglicht, was einen zügigen Baufortschritt und eine frühere Benutzbarkeit gewährleisten sollte. Mit den legistischen Vorbereitungen war im Finanzministerium ein junger Beamter, Dr. Gerhard Puschmann, betraut. Und 1964 hatte man bereits die BRENNER AUTOBAHN AG sowie 1969 die TAUERN AUTOBAHN AG ins Leben gerufen.

Zum Transitproblem gesellte sich in der Steiermark noch die Notwendigkeit einer leistungsfähigen und schnellen Straßenverbindung der Hauptstadt mit den Industriegebieten im oberen Murtal und im Ennstal. Graz war durch die Gebietsabtretungen nach dem Ersten Weltkrieg und den „Eisernen Vorhang" in eine wirtschaftliche und verkehrspolitische Randlage geraten. Es zeigt den Weitblick des damaligen Landeshauptmannes Josef Krainer sen., beharrlich die Verwirklichung einer Tunnelverbindung durch das Gleinalm-Massiv bis zur Einmündung der Liesing in die Mur bei St. Michael und die Weiterführung zweier Schnellstraßen in Richtung Murau bzw. Liezen zu verfolgen.

Hofrat Dr. Karl Maitz berichtet von einem Gespräch mit Landeshauptmann Krainer im Oktober 1969 über dessen Sorgen um diese Straßenverbindung und die vergeblichen Bemühungen bei den Zentralstellen in Wien. Maitz, erfolgreicher Geschäftsführer der Steiermärkischen Landesdruckerei, reist darauf über Wunsch von Krainer nach Innsbruck, um dort bei Landeshauptmann Wallnöfer das Finanzierungsmodell der Brenner Autobahn AG zu studieren. Die folgenden Kontaktnahmen in Wien zeigen jedoch vorerst eine völlig negative Einstellung der zuständigen Ministerien zum steirischen Straßenprojekt. Intensives Lobbying beginnt.

Nach den Nationalratswahlen 1970 wird am 21. April 1970 das Kabinett Kreisky I als SPÖ-Minderheitsregierung bestellt. Ihm gehören der steirische Politiker Josef Moser als Bautenminister und Dr. Hannes Androsch als Finanzminister an. Das erleichterte die Fühlungnahme auf politischer Ebene. Im Sekretariat Androsch war der Pressesprecher B. Mauhart aktiv. Auf steirischer Seite wurde am 21. September 1970 über besonderes Ersuchen von Maitz erstmalig Hofrat Dipl.-Ing. Otto Lütgendorf zu den Sitzungen zugezogen, der neben seinem bekannten Interesse an der Materie auch solide Beziehungen zu Persönlichkeiten des Kabinetts Kreisky hatte.

Der damalige steirische Finanzlandesrat Dr. Christoph Klauser erklärte die Bereitschaft des Landes Steiermark, sich an einem ähnlichen Vorfinanzierungsmodell wie beim Brenner zu beteiligen. Das Konzernbüro im Finanzministerium erhielt daraufhin vom Ressortleiter Dr. Hannes Androsch den Auftrag, einen für die Gründung ausreichenden Betrag im Budget für das Jahr 1971 vorzusehen.

Den endgültigen Durchbruch bildete dann eine Zusammenkunft mit den Bundesministern Moser und Dr. Androsch am 10. März 1971 im Parlament. Von Graz reisten LH Ökonomierat Krainer, Erster LH-Stellvertreter Sebastian, Landesrat Dr. Klauser sowie die Hofräte Dr. Maitz, Landesbaudirektor Dipl.-Ing. Schönbeck und Dipl.-Ing. Lütgendorf an. In dieser Sitzung wurde mit Handschlag der Beschluss gefasst, die Gleinalm Autobahn AG zu gründen, wobei grundsätzliche Einigung über die Beteiligungen von Bund und Land, über die Vorstände und den Aufsichtsrat erzielt wurde.

Vier Monate später, am 16. Juli, wurde die A 9 PYHRN-AUTOBAHN in das Bundesstraßengesetz 1971 aufgenommen. Den formellen Gründungsakt für seine Autobahn sollte Josef Krainer sen. leider nicht mehr erleben, weil er am 28. November 1971 bei einer Niederwildjagd in der heimatlichen Weststeiermark vom Tode ereilt worden war.

Dass bei den vielfachen Erörterungen auch vorauseilende Planspiele über bessere Straßenverbindungen zwischen der Steiermark und Oberösterreich stattfanden, braucht wohl niemand zu überraschen. Doch wollte man vor konkreten Schritten das Ergebnis der Vorplanungen abwarten. Erst im Februar 1974 konnte ein Gleichklang in der Frage der Realisierung des Bosrucktunnels festgestellt und die Einbeziehung des Landes Oberösterreich als drittem Aktionär besprochen werden. Näheres dazu im Kapitel 8.

Die Hauptlast des Verkehrs lag ja in der Murfurche, am Schoberpass und im steirischen Ennstal in Richtung Radstadt und Salzburg. Und obwohl die Ausbaupläne für das deutsche Autobahnnetz von Regensburg in Richtung Passau und zur österreichischen Grenze bei Suben bekannt waren, schien die Fertigstellung in einer fernen Zukunft zu liegen. Die Öffnung einer weiteren Transitroute zur Entlastung der Tauernstrecke und des Ennstales war unvorstellbar oder politisch inopportun. Die Pyhrn-Priel-Region lag im Abseits, eine Fehleinschätzung, die Zeit kostete, dann nie mehr eingeholt werden konnte und die Anrainer nun bis zum Lückenschluss belastet. Doch schon damals, bei den ersten Begehungen, regte sich Widerstand gegen die Querung des Ardninger Moors und einen Bosrucktunnel. Puschmann hatte zwar im Auftrag von Dr. Androsch noch einen Syndikatsvertragsentwurf vorbereitet, war aber mit 3. Mai 1971 zum Vorstand der IAKW (Internationales Amtssitz- und Konferenzzentrum Wien Planungs- und Errichtungsgesellschaft) bestellt worden.

Der Vertrag für die neue Sondergesellschaft sah zwei Vorstände vor, wobei einer vom Finanzministerium, der andere vom Bautenministerium zu nominieren war, wogegen die Steiermark opponierte. Man einigte sich dann auf einen von Bautenminister Moser, einem Steirer, nominierten steirischen Landesbeamten, das Mitglied des Verhandlungskomitees Hofrat Dipl.-Ing. Otto Lütgendorf als technischen Vorstand, was ein Glücksfall für das ganze Projekt werden sollte.

Inzwischen hätte man fast die Gründung verschlafen. Nach dem kameralistischen Budgetprinzip können vorgesehene Mittel, die nicht im dafür vorgesehenen Wirtschaftsjahr ausgegeben werden, nicht vorgetragen werden, sondern verfallen.

Dr. Puschmann machte Mitte November 1971 Dr. Androsch auf die Fallfrist 31. 12. 1971 aufmerksam. Es fehlte aber für die Gründung noch ein zweites Vorstandsmitglied. Puschmann schlug dem wirtschaftspolitischen Berater des Ministers, Dr. Franz Vranitzky, vor, für die Gründungsversammlumg einen Beamten des Ministeriums zu bestellen, der dann unmittelbar nach Jahresbeginn von einem kaufmännischen Vorstand abzulösen wäre. Nachdem er diesen Rat gegeben hatte, kehrte Dr. Puschmann wieder in sein Büro jenseits der Donau zurück, wo ihn 20 Minuten später der Anruf Dr. Vranitzkys erreichte, man habe den Rat befolgt und Gerhard Puschmann zum Interimsvorstand ernannt.

Puschmann traf in der Folge alle Vorbereitungen für die gründende Hauptversammlung der GABAG mit Sitz in Graz, die am 23. Dezember 1971 in den Räumen des Ministeriums in Wien im Stadtpalais des Prinzen Eugen stattfand. Vom Grundkapital von 200 Millionen Schilling übernahm die Republik 120 Millionen und das Land Steiermark 80 Millionen. Dann wurde der erste Aufsichtsrat und von diesem im Anschluss der erste Vorstand bestellt. Folgende Personen nahmen an dieser Versammlung teil: Bundesminister für Finanzen Dr. Androsch, Landeshauptmann Dr. Niederl, Landeshauptmannstellvertreter Adalbert Sebastian, Landesrat Dr. Klauser, Hofrat Dr. Maitz, die Ministerialräte Otto Bruckner, Karl Cejka, Franz Matl und Walter Schneider, Sektionsrat Josef Kazda, Dr. Michael Auracher sowie die Vorstände Lütgendorf und Puschmann.

Der protokollierende Notar Dr. Plessl fuhr unmittelbar darauf ins Handelsgericht, um die Eintragung im Firmenbuch zu veranlassen.

Kurz vorher, am 2. Dezember, war das Pyhrn-Autobahn-Finanzierungsgesetz vom Nationalrat beschlossen worden. Darin war der erste Bauabschnitt, die Strecke St. Michael ob Leoben bis Friesach (bei Deutschfeistritz) mit dem Gleinalmtunnel, festgeschrieben, weshalb auch die erste Firma GLEINALM-AUTOBAHN-AKTIEN-GESELLSCHAFT (GABAG) lautete.

Provisorien haben, besonders in Österreich, bekanntlich ein langes Leben. Unmittelbar nach den Weihnachtsferien, am 7. Jänner 1972, begab sich Dr. Puschmann wieder ins Finanzministerium, um formvollendet dem Ministersekretär Dr. Auracher sein vorbereitetes Rücktrittsschreiben zu überreichen. Es wurde nicht angenommen. Da man noch niemand gefunden hatte, wurde eine Verlängerung über die Anlaufperiode von drei Monaten mit einem nebenberuflichen Dienstvertrag vereinbart. Aus einem Provisorium für drei Monate wurden vier Jahre.

Am 16. März 1976 trat das Land Oberösterreich dem Syndikat mit der erklärten Absicht bei, sich am Bau des Bosrucktunnels zu beteiligen. Die Erweiterung der Gesellschaftsstrecke machte eine Änderung des Firmenwortlautes auf PYHRN AUTOBAHN AKTIENGESELLSCHAFT (PAG) notwendig. Die vermehrten Aufgaben erforderten auch Änderungen im Vorstand. Am gleichen Tage wurde Dr. Gerhard Puschmann daher mit Wirkung vom 31. März abberufen und Dipl.-Ing. Edgar Bublik zu seinem hauptberuflichen Nachfolger bestellt.

Anfang der siebziger Jahre herrschte große Kapitalnot. Es war gar nicht leicht, selbst bei Vorliegen einer Ausfallshaftung durch die Republik Österreich, genügend Darlehen aufzunehmen. Um zu vermeiden, dass sich die Schwestergesellschaften auf den Kapitalmärkten gegenseitig konkurrenzieren würden, wurden bestimmte Sektoren vorbestimmt. Das Konzept sah z. B. vor, dass sich die IAKW vornehmlich im Ausland verschulden sollte, während die GABAG heimische Institute in der Steiermark und der Osthälfte des Landes zu bevorzugen hatte. Es sollte dann fünf Jahre dauern, bis erstmals Geld im Ausland aufgenommen werden durfte.

Mehr darüber, über den Start von null, über die Rekrutierung der ersten Mitarbeiter, die interne Organisation, die Übernahme der vorhandenen Projekte, den Firmensitz, die Grundablösen und über den eigentlichen Baubeginn im nächsten Kapitel.

# 3
# Feuereifer und Improvisationen standen am Beginn

*Rein rechtlich waren nun zwar
alle Voraussetzungen geschaffen.
Die neue Gesellschaft sollte
sofort ihre Tätigkeit aufnehmen.
Aber wie tatsächlich beginnen?*

**Bohrarbeiten für Großsprengung**
*zum Hangabtrag, hier im Lainsachtal,
im Hintergrund die Gleinalm*

Anfang des Jahres 1972 wurde ein Büro gesucht und gefunden. Begonnen wurde in drei von der Landesregierung zur Verfügung gestellten Räumen in der Radetzkystraße 3. Mit der Personalaufstockung breitete man sich sukzessive auf zwei Stockwerke aus, bis dann die Techniker in der Schönaugasse einen provisorischen Unterschlupf fanden. Erst im Februar 1976 konnte das eigene Bürohaus in der Wilhelm-Raabe-Gasse 24 bezogen werden.

Den Grad der anfänglichen kommunikativen und administrativen Schwierigkeiten kann man sich im Zeitalter des vernetzten Arbeitsplatzes kaum mehr vorstellen. So verfügten die zehn Techniker im 2. Stock in der Radetzkystraße nur über eine telefonische Amtsleitung. Mehr konnte die Post nicht zur Verfügung stellen. Handy, E-Mail und FAX waren noch nicht erfunden, es gab nur das langsame, umständliche Telex mit Lochstreifen. Und die EDV steckte vor 31 Jahren noch in den Kinderschuhen.

Dividieren konnte man nur auf einer Rechenmaschine mit Handkurbel, heute Schmuckstück eines Museums. Und alles Büromaterial musste über das Land Steiermark bestellt werden.

Auf der Suche nach Mitarbeitern, die mit der Materie bereits teilweise vertraut waren, stieß Otto Lütgendorf bald auf die in der Fachabteilung Autobahnen beschäftigten Bauräte Egon Glatz und Klaus Wandschneider. In einem

Schreiben von Landeshauptmann Niederl an den Landesbaudirektor Andersson wurde auf die Möglichkeit eines Wechsels zur neu gegründeten Gesellschaft hingewiesen. Wie im Kapitel 1 erläutert, war Glatz seit seiner Vorstudie die erste Adresse für die Agenden eines Oberbauleiters. Gemeinsam mit Wandschneider hatte er in den Jahren zwischen 1968 und 1971 die Erstellung der generellen Projekte für die steirischen Abschnitte durch die Ziviltechniker Kauderer für die Freilandstrecken und Popper für die Brücken koordiniert, man hatte bereits Geländeaufnahmen in Auftrag gegeben und manche Detailprojekte waren schon recht weit gediehen. So war es nur natürlich, dass sich die beiden Herren um den Übertritt in die GABAG bemühten und mit Freude aufgenommen wurden. Sie wurden als Landesbeamte freigestellt mit der Option, jederzeit wieder zum Land zurückkehren zu können. Niemand konnte ja zu dieser Zeit sagen, wie sich die Dinge weiterentwickeln würden. Denn im Auftrag an die Gesellschaft war vorläufig nur von der Querung der Gleinalm mit einer Mautstrecke die Rede.

Noch am letzten Tag des Jahres 1971 hatte Lütgendorf über Vermittlung des Leiters der Abteilung für Finanz- und Rechnungswesen Dr. Ritter ein Gespräch mit dem Landesbeamten Peter Multerer geführt und eine sofortige provisorische Mitarbeit bei den kaufmännischen Aufgaben vereinbart. Es waren ja nicht nur gleich Konten zu eröffnen, um die bei der Gründung festgelegten Geldflüsse zu steuern, eine Buchhaltung und eine Kassa zu führen, auch die Personalagenden waren zu betreuen. Nicht zuletzt musste nach dem Aktiengesetz für das Gründungsjahr bald eine Eröffnungsbilanz erstellt werden.

Diese Mithilfe Multerers im Anschluss an seine normale Dienstzeit sollte einige Zeit dauern. Da der Hauptaktionär Republik Österreich von Anfang an Wert darauf legte, dass alle Staßensondergesellschaften nach einem einheitlichen Schema organisiert sein und auch praktisch die gleichen Dienstverträge gelten sollten, unternahm Peter Multerer in diesen Wochen die erste Dienstreise, die ihn zur TAAG nach Salzburg führte, um das dortige Rechnungswesen zu studieren. Multerer trat dann als Bilanzbuchhalter bei der GABAG ein.

Schließlich wurde Frau Waltraud Dusanek (später verheiratete Koch) als erste Sekretärin vom Land für die GABAG freigestellt.

Dem Aufsichtsrat wurden in seiner zweiten Sitzung am 13. März 1972 diese vier Namen als Grundstab des eigenen Personalapparates bekanntgegeben, wobei die Frage der rechtlichen Übernahme (Karenzierung oder Dienstfreistellung) noch offen blieb.

Schließlich konnte mit dem Zivilingenieur für Bauwesen Dipl.-Ing. Octavian Anelli-Monti ab 15. März 1972 ein erfahrener Techniker für die Mitarbeit gewonnen werden. Bald darauf wurde ihm die Prokura erteilt.

Die Geschäftsverteilung wurde wie folgt festgelegt und behielt über 12 Jahre ihre Gültigkeit:

| | |
|---|---|
| ANELLI-MONTI | Ingenieurbauten (Tunnel, Brücken), |
| GLATZ | Abschnittsbauleiter Erdbau, wasserrechtliche Fragen, Ersatzwasserleitungen, Baustellenzufahrten, |
| WANDSCHNEIDER | Abschnittsbauleiter Erdbau, Grundablösen, Leitungsverlegungen. |

Die vorhandenen Unterlagen wurden der Gesellschaft vom Land Steiermark übergeben, dem die bis dahin aufgelaufenen Kosten vergütet wurden. Das spielte sich dann so ab: Glatz und Wandschneider übermittelten die einschlägigen Akten und Detailprojekte für den Gleinalmabschnitt von ihrem Schreibtisch in der Autobahnabteilung in der Engelgasse an ihren neuen Schreibtisch in die Radetzkystraße 3, 2. Stock. Absender und Empfänger waren bei diesem Vorgang ein und dieselben Personen.

Um eine reibungslose Weiterführung bereits begonnener Aufgaben zu gewährleisten, wurden zwei technische Bedienstete des Landes für eine begrenzte Übergangzeit mit Konsulentenverträgen an die Gesellschaft gebunden, ebenso wurde ein Rechtskonsulent bestellt, da wegen des vorerst geringen juristischen Arbeitsumfanges die Vollbeschäftigung eines Juristen zu aufwändig schien.

Blickt man nach über 30 Jahren zurück, scheinen die erbrachten Leistungen dieser kleinen Truppe innerhalb kurzer Zeit auch heute noch sehr beachtlich. Die meisten Planungsaufträge konnten noch im Laufe des Jahres 1972 vergeben werden, wobei insbesondere erwähnens-

*Bei der Murbrücke St. Michael (im Hintergrund) als Zugang zum Lainsachtal fand der erste Spaten-stich statt. Anschließend musste eine Flanke des Kohlberges abgetragen und aufwändig gesichert werden, um Platz für die Trasse zwischen Hang und Fluss zu schaffen.*

wert ist, dass mit der Planung für das Herzstück des ersten Bauabschnitts, den Gleinalmtunnel, bei null begonnen werden musste.

Schon in dieser Anfangsphase waren schwerwiegende Entscheidungen zu treffen, die auch heute noch von Experten verschieden beurteilt, ja missionarisch verteidigt oder kritisiert werden. Wo es Planungs- und Ausbaurichtlinien seitens des Bundes gab, hatte man sich an diese zu halten, aber insbesondere bei Erfahrungen mit langen Straßentunneln stand man 1972 erst am Anfang. Viel Pionierarbeit wurde geleistet, die im Laufe der Zeit, nach Diskussionen in Ausschüssen, Aufnahme in verschiedene verbindliche rechtliche und technische Vertragsbedingungen fand. Beispielhaft sind die Fragen, ob und wann eine oder zwei Röhren ausgeführt werden sollten, nach Flucht- oder Sicherheitsstollen, Pilotstollen oder Vollausbruch, Lüftungssystemen, Tunnelausrüstung,

Sicherheit, Beleuchtung, Farbgebung, Rettungseinrichtungen, Kommunikation und Beschallung, Tunnelfeuerwehr und Löschleitungen, Verkehrsleitung, Überwachung und vielem mehr.

Für die Zufahrten zu den beiden Tunnelportalen waren auch umfangreiche Aufschließungsarbeiten notwendig. Dazu zählte die große Murbrücke bei St. Michael ob Leoben, für die am 6. Oktober 1972 der erste Spatenstich stattfand. Baustraßen durch das Lainsachtal und das Kleintal als Zufahrten zu den Tunnelportalen mussten angelegt werden. Und noch im November des gleichen Jahres wurde der Auftrag für den Sondierstollen zum Gleinalmtunnel vergeben. Die Anschlagsfeier war für den 17. Februar 1973 angesetzt.

Beim vorgesehenen Festplatz auf knapp 1000 Meter Seehöhe herrschte tiefster Winter. Zum Anschlag wurde jede Menge Prominenz erwartet. Schon Wochen vorher waren alle nervös.

Hofrat Lütgendorf wollte sich selbst ein Bild über die Situation vor Ort machen. Beim Treffpunkt Gemeindeamt Übelbach stieg der liebevoll „Lü" genannte Chef in den mit vier nagelneuen Spikereifen bestückten privaten Käfer von Wandschneider um.

Nach eigenen Angaben waren die Reifen noch das Beste an dem Fahrzeug. Die Gemeindestraße ins Kleintal war an diesem Tage spiegelglatt. Das merkte Wandschneider aber erst, als er eine Hand vom Lenkrad nahm, um Lü die Liegenschaft eines bei den Ablöseverhandlungen schwierigen Bauern zu zeigen. Mit Mühe konnte er den Wagen abfangen und wieder auf die Straße bringen.

Beim künftigen Südportal des Gleinalmtunnels angekommen, wurde „Lü" bleich angesichts der kreuz und quer haufenweise im Schnee herumliegenden geschlägerten Stämme. Und das nur zwei Wochen vor dem fixierten Termin, zu dem schon die Einladungen ausgesandt waren! Er stieg, noch leicht geschockt, mühsam aus dem Auto und stapfte durch den Schnee in Richtung künftiges Portal, als er plötzlich bis zu den Knien in einem aufgestauten, von Schnee überdeckten Gerinne im Eiswasser versank. Wandschneider half ihm so rasch es ging und brachte ihn auf schnellstem Wege nach Übelbach in ein Wirtshaus zum Trocknen und Aufwärmen. Man muss hier anmerken, dass Hofrat Lütgendorf zu diesem Zeitpunkt bereits im 65. Lebensjahr stand, das Ereignis hätte also auch fatal ausgehen können.

Das Holz wurde dann doch noch rechtzeitig vom Eigentümer Liechtenstein abtransportiert und der Anschlagtermin gerettet.

Die Familie Liechtenstein war übrigens der größte Grundeigentümer im Bereich des Südportals des Gleinalmtunnels (in der Umgebung des Nordportals war dies die Familie Mayr-Melnhof), dementsprechend mussten auch substanzielle Flächen für den Bau der Autobahn abgelöst werden.

So erhielt Klaus Wandschneider eines Tages einen telefonischen Anruf von der Gattin des Grundeigentümers Prinz Heinrich Liechtenstein von und zu Waldstein mit dem Ersuchen um Einsichtnahme in die Projektunterlagen zur Abschätzung von Abstand und Niveauunterschied zum Schloss Waldstein.

Zu unserer Überraschung erschien Frau Elisabeth, eine Tochter des letzten Kaisers von Österreich, mit Aquafixpapier und Bleistift ausgestattet, persönlich im Büro in der Radetzkystraße und bat, die Trassenpläne durchpausen zu dürfen. So arbeitete Ihre Kaiserliche Hoheit, wie die korrekte Anrede lautet, eine ausgesprochen freundliche und sympathische Dame, wie eine Technikerin an unseren Ablagetischen. Die technische Abteilung war sehr beeindruckt.

Die Verhandlungen selbst gestalteten sich zäh. Es gab damals z. B. noch keine vergleichbaren Erfahrungen mit den Auswirkungen, welche die gesammelten und über zwei Lüftungsschächte in die Forste der Gleinalm geblasenen Autoabgase auf den Wald haben würden, sowohl in ökologischer als auch rechtlicher Hinsicht.

So führte ich bald nach der Tuneleröffnung auf seinen Wunsch hin den damaligen Straßenlandesrat Dr. Krainer, der sich insbesondere im Hinblick auf den gerade in Planung befindlichen Plabutschtunnel ein persönliches Bild über das Problem machen wollte, zum Bauwerk über dem Südschacht. Nach dem Rückbau des Zufahrtsweges war damit eine stundenlange Wanderung durch den Wald verbunden.

Auch der Wert des beim Durchörtern der Gleinalm gewonnenen Felsmaterials, insbesondere von nach dem Recht der „Ewigen Teufe" gefundenen Mineralien, wurde diskutiert.

*Am unteren Ende des Murknies* liegt der Knoten Friesach der A9 mit der S 35 und zahlreichen Brücken. Von dort geht es Richtung Schartnerkogeltunnel und Übelbachtal.

Nach einer vollen Woche harter Verhandlungen und obwohl man mit der nahen Autobahn verständlicherweise keine besondere Freude hatte, erhielten Klaus Wandschneider und der leitende Grundeinlöser Heribert Schuster (und nur diese beiden!) von Ihrer Hoheit höchstpersönlich eine Führung durch das ganze Schloss. Der Ablösebetrag dürfte ein Trostpflaster gewesen sein.

Nicht immer ging es so friedlich zu. Nach privaten Grundablösen im Kleintal blieb ein Zwickel übrig, der dem Planer gerade groß genug für einen Parkplatz schien. Als Wandschneider bei dem Grundeigentümer mit den Plänen bewaffnet vorsprach, lief dieser plötzlich um seinen Jägerstutzen, fuchtelte mit diesem herum und drohte, er werde den Bau dieses Parkplatzes schon zu verhindern wissen. Als befriedende Lösung konnte dann doch noch das sonst nutzlos von seiner Quelle abrinnende Überwasser abgelöst werden, das einen Brunnen auf dem Parkplatz speist.

Hofrat Andersson, damals noch Chef der Autobahnabteilung und später Baudirektor der Steiermark, gab dem zur GABAG freigestellten Baurat Wandschneider als Starthilfe ein von ihm ausgearbeitetes detailliertes Planungs-, Bau- und Finanzierungsschema mit auf den Weg. Es diente noch Jahrzehnte als Grundmuster für alle weiteren Abschnitte der A 9, auch noch bis ins Computerzeitalter.

Im Laufe des Jahres 1972 waren die meisten Vorbereitungen zum konzentrierten Bauablauf im ganzen Abschnitt vom Anschluss an die B 116 Leobner Bundesstraße (später Knoten mit der S 6/S 36) bei St. Michael ob Leoben bis zur Anbindung an die B 67 Grazer Bundesstraße (später Knoten mit der S 35) getroffen. Und obwohl kein Planungsvorlauf bestand, waren innerhalb dieser Zeit auch die Vermessungsarbeiten abgeschlossen, alle Grundablösen und Leitungsverlegungen eingeleitet und Erschließungsstraßen angelegt.

Auch Gewässer mussten verlegt werden. Egon Glatz erinnert sich in diesem Zusammenhang an einen mit Heinz Brunold bei Regen und in Gummistiefeln im Gelände verbrachten Tag. Die Aufgabe war, den Urzustand vor einer Bachverlegung mit Fotos zu dokumentieren. Nachdem sie stundenlang durch Bachbett und Buschwerk gelatscht waren, mussten sie feststellen, dass kein Film in der Kamera war.

Mit einem anderen Problem war Klaus Wandschneider konfrontiert. Die 110-KV-Leitung der ÖBB über die Gleinalm und durch die Täler für die Elektrifizierung der Bahnlinien in der Südsteiermark war bereits energierechtlich verhandelt und genehmigt, die Bauzeitpläne waren fixiert. Die Hochspannungsleitung lag bei Übelbach mehrere Kilometer mitten in der geplanten Autobahntrasse. Allerdings war sie noch nicht gebaut. Das machte die Sache eher komplizierter, denn wer hatte nun Vorrang? Was würde die Öffentlichkeit sagen, wenn eine neu errichtete Leitung kurz nach ihrer Vollendung wieder abgebaut würde? Höchste Stellen wurden in das Problem einbezogen, um die notwendigen Neuverhandlungen zu beschleunigen und umzuplanen. Es gelang, die Bürokratie zu besiegen, beide Projekte rechtzeitig zu beenden und Millionen einzusparen.

# 4
# Vom Sondierstollen zur Betriebsaufnahme – die Gleinalmstrecke

*Der Anschlag zum Gleinalmtunnel-Richtstollen am 17. Februar 1973 bildete das Startsignal zur ersten intensiven Bauphase, die mit der Verkehrsfreigabe der gesamten 32,6 km langen Gleinalm Autobahn am 11. August 1978 den Abschluss fand. Der erst mit 12. Dezember 1975 der Gesellschaft zur Ausführung übertragene Abschnitt St. Michael-Traboch (4,4 km) wurde am 10. Dezember 1979 für den Verkehr freigegeben, wird aber in dieser Chronik hier zugeordnet.*

***Zum Anschlag des Gleinalmstollens** fand sich zahlreiche Prominenz ein. Auf dem Bild sind zu erkennen (v.l.) 1. Reihe: Lütgendorf, Krainer, Raschauer, Sebastian, Tunnelpatin Frau Moser, Moser, Niederl; 2. Reihe: Puschmann, Auracher, Matl.*

Vom 17. Februar 1973 an wurden in den folgenden fünfeinhalb Jahren u. a. die 8320 m lange Gleinalmtunnel-Weströhre, die 1232 m lange Weströhre des Schartnerkogels und 42 Brücken errichtet, davon 10 mit einer lichten Weite von über 50 m. Die Tätigkeit umfasste weiters fünf Erdbaulose.

Vier Brücken wurden im damals wieder entdeckten, relativ neuen Taktschiebeverfahren errichtet. Etwa ein Jahrzehnt davor war im Zuge der Inntal Autobahn bei der Kufsteiner Innbrücke erstmals in Österreich und in der Welt diese neue, von Österreichern mitentwickelte Brückenbautechnik erfolgreich angewendet worden.

Während darauf folgend im Ausland dieses Verfahren immer öfter angewendet wurde, fand die Innovation, vielleicht auch wegen der in gebirgigen Gegenden nicht immer möglichen Geometrie bei der Trassierung (gerade oder fast perfekte Kreisbögen), in Österreich lange Zeit keine Nachahmer, bis – bedingt durch die beengten

Verhältnisse in den Talgräben, die die Zufahrt zum Gleinalmtunnel bildeten – manche Anbieter, praktisch gleichzeitig und unabhängig voneinander, für einige Brücken diese Technik als Varianten vorschlugen. Da es sich auch um die wirtschaftlichste Lösung handelte und dank der Aufgeschlossenheit des damaligen Managements der Gesellschaft wurden vier Aufträge nach dieser Baumethode vergeben.

Die Goldschmiedbrücke (K8) an der Gabelung Kleintalgraben/Übelbachtal zählte mit ihrer Gesamtlänge von 391 m und Stützweiten von 38 + 7 x 45 + 38 m zu den herausragendsten im Taktschiebeverfahren errichteten Brücken ihrer Zeit.

Die Südrampe überwand vom tiefsten Punkt im Murtal bei Friesach bis zum Gleinalmtunnel/Südportal 417 m Höhenunterschied.

Das Herzstück und größte Ingenieurbauwerk der gesamten Pyhrnstrecke, der 8320 m lange Gleinalmtunnel selbst, bereitete wenig Schwie-

*Das Gebäude über dem Lüftungsschacht* Gleinalm-Süd erinnert an eine Kapelle. Eine durchgehende senkrechte Wand im Schacht trennt Frisch- von Abluft. Der Schlot stößt die warme Abluft aus.

rigkeiten. Ein Sondierstollen wurde für zweckmäßig erachtet, was 1972 noch keinesfalls eine Selbstverständlichkeit war und leidenschaftlich diskutiert wurde. Erst nach dessen Fertigstellung wurden die Arbeiten für den Vollausbruch ausgeschrieben. Dies erlaubte eine genauere Kostenschätzung, brachte für die Anbieter ein geringeres Kalkulationsrisiko und bedeutete Ersparnisse für den Bauherrn. Schon nach knapp elf Monaten, am 14. Jänner 1974, erfolgte der Durchschlag des Richtstollens.

Es ist das große Streben vieler Menschen, etwas als Erster zu tun. Tunnelbauer und Mineure betreten nach jedem Abschlag erstmals Boden, den vorher noch kein Menschenfuß berührt hat. So wird dies zur Alltäglichkeit.

Einer der Tunnelplaner rief nach dem Durchschlag die Bauleitung an und fragte, ob der Richtstollen offen sei, er wolle von St. Michael durch den Stollen ins Büro am Südportal kommen. Auf die Warnung, es handle sich um einen

8 km langen Fußmarsch durch Wasser, Schlamm und über Gesteinsbrocken, kam die Antwort, er betrachte eine Erstbefahrung mit dem Motorrad als Herausforderung. Die Durchquerung erfolgte mit einer Moto-Cross-Maschine.

Bei der Anbotslegung für den Vollausbruch Gleinalmtunnel-Süd machten zwei kleinere steirische Unternehmen schlagartig auf sich aufmerksam. Im Tunnelbau kaum bekannt, unterboten sie die großen österreichischen Tiefbaufirmen. Der Vorstand der GABAG nahm das Risiko auf sich und schlug dem Aufsichtsrat die Vergabe dieses substanziellen Auftrages an die Steirer vor. Mit einer jungen und ziemlich unerfahrenen, aber sehr einsatz- und lernfreudigen Führungsmannschaft wurde das Südtrum auch erfolgreich fertig gestellt.

Zwei Geschichten ranken sich um dieses Baulos. Das Einhalten eines genauen Ausbruchsprofiles ist von technischer, aber vor allem wirtschaftlicher Bedeutung. Auch durch die damals

***Nach dem Durchschlag*** *des bautechnisch schwierigen Schartnerkogeltunnels am 6. 5. 1977. Bautenminister Moser (mitte) wird flankiert von den Direktoren Angerer (UNIVERSALE, links) und Strobl (AST, rechts). Am rechten Rand, alle überragend, Bauleiter Danklmayer (PAG).*

verwendete Mess- und Bohrtechnik war diese Aufgabe schon gut lösbar, das aufwändige Nachprofilieren kann minimiert, andererseits Mehrbeton eingespart werden. Die Geschäftsführung der Süd-ARGE veranstaltete aber unter enormem Druck auf die örtliche Bauleitung ein Wettrennen zur Baulosgrenze gegen die aus dem Norden vordringenden Spezialisten. Und nach dem erfolgten Durchschlag wollte man auch als Erster mit dem Betonieren der Ringe beginnen. Dies gelang zwar, aber schon kurz danach steckte der Betonzug. Das Profil stimmte nicht, das Nachprofilieren kam in Verzug, das dabei gelöste Material verhinderte den Abfluss, die Fahrbahn war bis in Kniehöhe verschlammt. Jetzt verlor man auch Zeit und Geld.

Als die Geschäftsführung den für die Einhaltung der Betoniertermine zuständigen Ingenieur dafür verantwortlich machen wollte, verlor dieser nach verzweifelten Tagen und Nächten im Tunnel die Nerven und fuhr davon. Endlich erkannten die Geschäftsführer ihre eigenen Fehler, holten den jungen Mann, der heute eine führende Stellung im österreichischen Tunnelbau einnimmt, zurück – und das sicher nicht nur mit guten Worten!

Das verhältnismäßig gute Gebirge im Gleinalmtunnel, bestehend aus Gneisen verschiedener Variationen und Amphyboliten war meist standfest. Die Bereiche mit Störungen durch mylonitisierte Schichten und Biotiteinlagerungen hielten sich in Grenzen. Das verleitete manchen, darunter auch Generaldirektor Lütgendorf, den Vortrieb etwas herablassend als einfachen Steinbruchbetrieb zu bezeichnen. Die Stolleningenieure und die abergläubischen Mineure störten solche Aussagen sehr, kannten sie doch die Gefahren bedingt durch die hohe Überlagerung und die Härte des Gesteins allzu gut. Nach den Abschlägen kam es im soeben hergestellten Hohlraum zu Gebirgsentspannungen, was sich durch Knistern in der Ortsbrust anzeigte

**Blick über die Trasse** *nach Norden durchs Lainsachtal in Richtung Mautstelle gegen Zeiritz-Kampl (2426 m) als Abschluss des Liesingtales*

und fallweise auch kleine Gebirgsschläge auslöste.

Als der General wieder einmal seinen Steinbruch besichtigte, war die Schutterung gerade abgeschlossen und die Ortsbrust zeigte sich in voller Größe. Das Unwort „Steinbruch" war kaum ausgesprochen, als sich mit einem Knall eine Steinplatte aus der Firste löste und ihn nur knapp verfehlte. Kreidebleich und schweigsam verließ unser Hofrat den Tunnel. Es folgte ein absolutes Besuchsverbot für Gruppen. Der heiligen Barbara, Schutzpatronin der Bergleute, wurde eine Statue gestiftet, die heute in einer ständig beleuchteten Nische in der Nähe der nördlichen Lüfterkaverne auch künftige Tunnelbenützer schützen soll.

Eine Besonderheit beim Gleinalmtunnel sind die beiden Lüfterkavernen im Berginneren mit ihren 366 m bzw. 288 m hohen Schächten. Zuerst wurde noch vom Sondierstollen aus je ein

4 m² großer Pilotschacht mit einer Alimak-Kletterbühne von unten aufgefahren und sodann auf einen Durchmesser von 6,5 m (33 m²) abgeteuft. So wurden die für einen solchen Schachtbau sonst notwendigen aufwändigen und den Hochwald schädigenden Straßen zum Schachtkopf vermieden. Senkrechte Wände trennen in den Schächten Zu- von Abluft. In jeder Kaverne sind vier Lüfter untergebracht (je zwei für Zu- und Abluft). Zusammen mit den beiden Stationen an den Portalen ist daher der Gleinalmtunnel in sechs Lüftungsabschnitte unterteilt.

Nach Beendigung des Ausbruchs und vor dem Betonieren der Auskleidung erfolgte nach sorgfältiger Beobachtung der Nassbereiche eine abschnittsweise Isolierung mit Doppelnähten. Eine Vollisolierung von Tunneln war damals noch keine Selbstverständlichkeit. Problematisch war dabei die Abdichtung der Übergänge vom isolierten zum nicht isolierten Bereich.

Die größten bautechnischen Schwierigkeiten im gesamten Gleinalmabschnitt traten jedoch nicht etwa beim Gleinalm-, sondern beim Schartnerkogeltunnel auf. Entgegen dem ursprünglichen Entwurf, der einen Kurztunnel weiter östlich beim Ortseingang von Deutschfeistritz vorsah, musste das Südportal wegen der in der Zwischenzeit erfolgten Ausweitung des Siedlungsgebietes verlegt werden. Dadurch wurde die zuerst ausgeführte Weströhre 1232 m lang. Durch die stellenweise geringe Überlagerung, die aus einem im Laufe der Zeit wieder aufgefüllten alten Bachbett resultierte, waren beim Vortrieb besondere Vorsichtsmaßnahmen zu treffen. Obwohl auch bei diesem Tunnel zuerst ein Sondierstollen vorgetrieben wurde, musste man sich wegen der Schwierigkeiten im Verlauf der Arbeiten entschließen, den Bauvertrag zu lösen und nach Neuvergabe die Arbeiten mit Kalottenvortrieb weiterzuführen, um die Siche-

***Gleinalmtunnel-Nordportal*** *mit Lüfterstation, Betriebsgebäude mit Überwachungszentrale und Autobahngendarmerie sowie Winterdienststützpunkt*

rungseinbauten nicht mehr entfernen zu müssen, das Gebirge zu schonen und einen Verbruch zu vermeiden. Ein Abschnitt von 155 m musste wegen erfolgter und noch weiter prognostizierter Setzungen überfirstet werden, was allein zwei Monate in Anspruch nahm. Trotzdem konnte die Weströhre des Schartnerkogeltunnels noch rechtzeitig vor der Gleinalmtunneleröffnung fertig gestellt werden. Weitere Daten zu den Tunneln siehe Literaturverzeichnis.

Schon bald nach Übertragung der ersten Bauaufgaben an die GABAG machten sich die Verantwortlichen Gedanken darüber, wie nach Eröffnung der Stammstrecke der Verkehr von der Autobahn wieder flüssig in das sekundäre Bundesstraßennetz zurückzuleiten wäre, da mit einem längeren Provisorium bis zum Weiterbau gerechnet werden musste.

Drei kritische Punkte wurden ausgemacht und bei den zuständigen Stellen vorgefühlt, der Ge-

sellschaft doch auch diese Abschnitte zur Ausführung zu übertragen.

Es handelte sich um

1. die Überführung über die B 116 zur Umgehung des Ortsbereiches von St. Michael und Einbindung in die B 113 Schoberpass-Bundesstraße 4 km weiter westlich bei Traboch – die Übertragung an die PAG erfolgte am 12. Dezember 1972;

2. den Ausbau des Knotens Friesach–Deutschfeistritz von A 9 mit der S 35 und von dort Führung der vereinigten Verkehrsströme auf zwei Richtungsfahrbahnen zu je drei Fahrspuren bis zur Anschlussstelle Graz-Nord – dieser Abschnitt bildete einen Teil der zweiten Erweiterung der Gesellschaftsstrecke am 29. Juni 1978;

3. die zweite (Ost-)Röhre des Schartnerkogeltunnels. Man sah die Gefahren voraus, die sich aus der Zusammenführung der Fahr-

***Über dem Kleintalgraben*** *windet sich am Hang die fast 1 km lange Meiselgrabenbrücke über 26 Felder zum Glein-almtunnel-Südportal hoch.*

bahnen nach zwei voll ausgebauten Stre-ckenabschnitten vor einem kurzen im Ge-genverkehr zu benützenden Tunnel und der Nähe zum Knoten Friesach ergeben würden. Wegen anderweitiger Einsparungen langten die Mittel, und so wurde unter Ausnützung der gewonnenen Erfahrungen bei der West-röhre auch bald mit der 1167 m langen Oströhre begonnen, die dann ab 6. Juli 1981 den Verkehr in Richtung Norden aufnahm.

Die Freilandstrecke führt von St. Michael bis zum Nordportal des Gleinalmtunnels durch das bis dahin nahezu unberührte und teilweise enge Lainsachtal. Topographisch bedingt mussten steile Hänge bis zu 60 m Höhe angeschnitten werden, die aufwändige und technisch schwie-rige Hangsicherungsmaßnahmen notwendig machten. Nach heutigen Kriterien hätte man wohl auch diese Hänge mit Tunneln unterfah-ren. Ankermauern in mehreren Etagen, Anker-balken und Spritzbetonbalken mit bis zu 30 m langen Stahlankern waren zur Sicherung nötig,

trotzdem kam es bald nach der Eröffnung nach Niederschlägen zu ersten Rutschungen.

Ähnlich gelagert waren die Probleme vom Süd-portal im Kleintalgraben bis zur Einmündung in den Übelbach. Entlang eines bodenmechanisch besonders problematischen Hanges wurde dort der Bau der 988 m langen Meiselgrabenbrücke mit 26 Feldern notwendig, der längsten Brücke der Gleinalmstrecke.

Weiter talwärts liegt der Ort Übelbach, in dem schon seit Jahrhunderten die Wasserkraft für Mühlen und Hammerwerke genutzt wurde. Von einer aufgelassenen Mühle, die dem Autobahn-bau weichen musste, wurde zur Erinnerung an diese Zeit das restaurierte Mühlrad auf einem Parkplatz aufgestellt.

Nach Ansicht der die Ausführung leitenden Techniker lag der wohl schwierigste Hang aber im Bereich der Anschlussstelle Übelbach. Die Rampenbrücke war bereits im Bau, trotzdem musste die Trasse nochmals um 8 m vom Hang weggerückt werden, weil dieser mit wirtschaftli-chen Mitteln nicht zu beherrschen war. Trotz-dem mussten nach Rutschungen die Böschun-gen noch weiter verflacht werden. Die dort ver-wendeten Anker haben Längen bis zu 60 m. Die in Etagen von oben errichteten Wandelemente wurden noch jahrelang vermessungstechnisch beobachtet. Ein weiteres Ereignis stellte bei diesem Bauteil auch noch die Eröffnungs-termine in Frage, nämlich die Insolvenz der ausführenden Bauunternehmung. Nach zähen Verhandlungen mit dem Masseverwalter wurde eine andere Firma mit der Fertigstellung be-traut.

Durch den bevorstehenden Autobahnanschluss und wegen der Nähe zu Graz war in der Zwi-schenzeit der Bedarf an Siedlungsflächen ge-stiegen, die auf der Schattenseite des engen Tales der Trasse den Platz streitig machten. So

*Die im Taktschieben* errichtete fast 400 m lange Goldschmiedbrücke mit Blickrichtung zum Markt Übelbach.

blieb dazwischen wenig Platz für Freizeitaktivitäten und Sportplätze. Im Zuge einer Pressefahrt ließ ich oberhalb dieser Stelle anhalten und wollte am konkreten Beispiel unsere Bemühungen hervorheben, auch um den Preis zusätzlicher Kosten die Eingriffe in die örtlichen Verhältnisse möglichst gering zu halten.

So war u. a. auch ein bestehender Sportplatz betroffen. Da eine Verlegung oder Verschiebung nicht möglich war und um so wenig Grund wie möglich beanspruchen zu müssen, hatten wir teilweise Stützmauern am Fuße hoher Erddämme errichtet, so auch rund um die Cornerfahne. Plötzlich war das bis dahin gähnende Interesse geweckt, und wie aus der Pistole kamen die Fragen, ob die zusätzlichen Kosten für einen der UNION oder dem ASKÖ angehörenden Verein aufgewendet würden, was ich ehrlich nicht beantworten konnte.

Ein grundsätzliches Erkenntnis datiert auch aus dieser Zeit: So fiel durch den Bau der großen Murbrücke bei St. Michael jahreszeitlich verschieden der Schatten der Brücke mehrere Stunden täglich auf ein Haus. Es musste von der PAG nach einigen Jahren abgelöst werden, nachdem die Rechtsfrage geklärt war.

Es bleibt noch zu ergänzen, dass mit der Verkehrsfreigabe des kurzen Anschlussstückes St. Michael–Traboch über eine provisorische Rampe am 10. Dezember 1979, 16 Monate nach Eröffnung des Gleinalmtunnels, das Transitmartyrium auch für die Anrainer aus den Orten St. Michael und Traboch entlang der ersten vier Kilometer der Schoberpassbundesstraße B 113 zu Ende ging. Die restliche Bevölkerung im Liesing- und im Paltental musste freilich noch länger auf diese Wohltat warten, die Bürger von Wald am Schoberpass gar noch 13$^1$/$_2$ Jahre, bis zum 26. Mai 1993!

Die Inbetriebnahme der Brücke für die Überführung der Richtungsfahrbahn Graz beendete das Provisorium der Anschlussstelle Traboch ein halbes Jahr später, am 3. Juni 1980. Dieses Datum bekam eine besondere Bedeutung für

den Abschnittsbauleiter Dipl.-Ing. Heinrich Wey-
ringer. Offiziell war natürlich kein Fest für dieses
Miniereignis angesetzt, aber der örtlichen Bauleitung war nach Feiern zumute. So wurde Wey-
ringer an die Auffahrt gestellt, um ein Fahrzeug
zur Erstbefahrung herauszufiltern. Die Wahl fiel
auf einen Mercedes mit deutschem Kennzeichen und zwei Damen als Insassen, die man
im Anschluss an die improvisierte Feier in den
Gasthof Eberhart nach St. Michael einlud. Es
handelte sich um eine Mutter, die Tochter
Claudia nach Graz zum Studieren brachte. Das
Happyend: Claudia und Heinrich heirateten
später und gedenken jährlich des Datums.

# 5
# Der 11. August 1978 –
# die Eröffnung
# des Gleinalmtunnels

*Ein prächtiger, sonniger Morgen.*
*Und es sollte ein heißer Tag werden.*
*Nach fünfeinhalb Jahren Bauzeit*
*war der Tunnel zu eröffnen, von*
*dem die Steiermark sprach. Man*
*würde die Landeshauptstadt aus gut*
*der Hälfte des Bundeslandes*
*schneller erreichen können.*
*Eine Verkürzung gegenüber der*
*Strecke entlang des Murknies bei*
*Bruck um die Hälfte und die*
*Entlastung der transitgeplagten*
*Bevölkerung von Leoben und*
*Niklasdorf bis Peggau standen*
*bevor.*

**In der Adaptionsstrecke** *beim Nord-*
*portal des Gleinalmtunnels versammeln*
*sich die Festgäste und beziehen die*
*markierten Sitze. Im Vordergrund 2. Reihe*
*links ist Baumeister Stettin, Eigentümer*
*einer beim Bau der Gleinalmstrecke stark*
*engagierten Unternehmung zu erkennen.*

Natürlich herrschte Kaiserwetter, denn der Herr Bundespräsident hatte sich angesagt, um die Gleinalmautobahn zu eröffnen. Dr. Rudolf Kirchschläger unterbrach seinen Urlaub und reiste vom ehemaligen kaiserlichen Jagdschloss Mürzsteg, der Sommerresidenz der österreichischen Bundespräsidenten, an.

Die wochenlangen Vorbereitungen für den großen Tag waren nahezu abgeschlossen. Für Vorstand und Mitarbeiter der Pyhrn Autobahn AG, für alle beschäftigten Firmen, ja für die ganze Steiermark stand ein epochales Ereignis bevor. Würden doch mit der Eröffnung dieses Autobahnabschnittes Graz und die südlichen Landesteile an Mitteleuropa herangerückt, wie die Zeitungen in seitenlangen Vorschauen euphorisch berichteten.

Der Wermutstropfen war, dass es sich um eine Mautstrecke handelte und man für die Benützung würde zahlen müssen. Wir hatten ver-

schiedene Berechnungen und Befragungen vorgenommen, um die zu erwartenden Frequenzen abzuschätzen. Zu den positiven Argumenten zählten eine Einsparung von über 30 km Streckenlänge und damit an entsprechender Fahrzeit und Treibstoffkosten. Dazu kamen die damals noch sehr schlechten Verhältnisse auf dem überlasteten und unfallträchtigen Umweg über Bundesstraßen, mitten durch viele Orte wie Niklasdorf, Bruck, Kirchdorf, Frohnleiten und Peggau.

Es gab andererseits Untersuchungen, die die Österreicher für Mautmuffel hielten. Und wie würden die Ausländer reagieren?

Auf die Höhe der Maut hatte die Gesellschaft nach der bestehenden Gesetzeslage keinen Einfluss. Wir hatten zwar auf Grund fundierter Gutachten Vorschläge gemacht, die dann erlassene Verordnung nahm auf diese kaum Rücksicht. So kam es zu Tarifen, die sich nach denen der bereits eröffneten, weit längeren Strecke der Tauernautobahn mit zwei Tunneln richteten. Keine Berücksichtigung fand – auch was das mögliche Umfahren betraf –, dass die Vergleiche zwischen den beiden Strecken hinkten, weil zur Gleinalmquerung mit Überwindung von Steigungen als Alternative immer noch das Rollen durch die Furche der Mur offen stand.

So hatten wir unsere Erwartungen für den Anfang nicht übertrieben hoch gesteckt und in jeder Richtung vorerst nur je vier Fahrspuren mit Mautkabinen und Kassengeräten ausgerüstet.

Um keinen Verkehrszusammenbruch zu erleben, konnten nur wenige Prominente mit dem eigenen PKW bis zum Festplatz fahren, die Mehrzahl der Gäste parkte ihre Fahrzeuge bei der Mautstelle und wurde mit Bussen zum Tunnel und anschließend zur Bretteljause gebracht.

In der Adaptionsstrecke am Nordportal waren neben dem Rednerpult auch etwa 500 Sitzgelegenheiten für die Festgäste aufgestellt. Das gegen überraschende Wetterkapriolen schützende Dach sollte sich dann als idealer Sonnenschutz an einem der heißesten Tage des Jahres bewähren, während aus dem Tunnelportal ein kühlender Luftstrom blies.

Wir hatten uns die Mühe gemacht, für etwa 200 Ehrengäste eine Sitzordnung zu erstellen, ein Fehler, den wir nie mehr wiederholen würden. Zuerst hatte es gegolten, die Plätze streng nach Rang zuzuteilen, wobei nach dem Protokoll so diffizile Unterscheidungen zu treffen waren, welcher Wirkliche Hofrat hinter welchen Ministerialrat, Bezirkshauptmann, Generaldirektor, welche Exzellenz hinter welcher Eminenz zu reihen war. Stand dann endlich die richtige Reihung fest, kamen bis zum letzten Tag ständig verspätete Zusagen und auch Absagen. Die

Chefsekretärin Frau Fürst hatte am großen Tisch im Sitzungssaal einen Sitzplan, auf welchem ständig Kärtchen hin- und hergeschoben werden mussten, eine Sisyphusarbeit. Trotzdem gab es schließlich doch noch Turbulenzen, als bedeutende Persönlichkeiten völlig überraschend und unangekündigt mit Gattinnen erschienen. Bei den künftigen Feiern wurden dann nur mehr die zwei vordersten Bankreihen für hochrangige Politiker und Festredner freigehalten, die anderen Gäste setzen sich nach Belieben.

Wir hatten bei der Mautstelle den Parkplatz für den Großteil der Festgäste vorgesehen und transportierten sie von dort mit Bussen zum Nordportal. Die Feier selbst begann um 10.30 Uhr. Nach dem Durchtrennen des Bandes sollte nur eine kleine Wagenkolonne vor den Bussen mit der Masse der Gäste Tunnel und Strecke bis zur Autobahnmeisterei Guggenbach befahren, wo zu einer Brettljause geladen wurde. Danach sollten die Busse die Festgäste wieder zu ihren Fahrzeugen bei der Mautstelle zurückbringen.

Wir rechneten damit, dass gegen 15 Uhr alles weggeräumt sein würde, um die Strecke für den allgemeinen Verkehr freigeben zu können. Es war Freitag, der 11. August, und das Wochenende mit dem jährlich größten Urlauberwechsel stand in Europa bevor. Einige Tage vorher hatten wir eine Pressefahrt veranstaltet, die Medien hatten die Bevölkerung entsprechend neugierig gemacht, und der ORF war mit einem Übertragungswagen dabei.

Wenn etwas die Notwendigkeit der Gleinalmautobahn unterstrichen hätte, dann war es am Morgen ein schwerer Unfall bei Niklasdorf, der den Verkehr im mittleren Murtal und weit ins Liesingtal hinauf zusammenbrechen ließ. Der Wagen mit dem Bundespräsidenten steckte bei Bruck ebenso im Stau wie das Privatfahrzeug von Vizekanzler Finanzminister Dr. Hannes Androsch, der von seinem Urlaubsort Altaussee unterwegs war.

Es gelang, den Dienstwagen des Staatsoberhauptes im Stau zu orten und ihn selbst mit einem Hubschrauber einzufliegen. Als Dr. Kirchschläger beim Nordportal dem Hubschrauber entstieg, durften allerdings Kollege Lütgendorf und ich ihn erst begrüßen, nachdem der zuständige Bezirkshauptmann seine Meldung „keine besonderen Vorkommnisse, Herr Bundespräsident" gemacht hatte.

Die Feier musste also ohne Dr. Androsch beginnen und war schon bis zur Segnung des Tunnels durch Diözesanbischof Dr. Weber und den Superintendenten der evangelische Kirche Knall gediehen, als der Vizekanzler endlich eintraf. Kurz darauf und noch etwas außer Atem musste er schon als siebenter Festredner des Tages ans Pult. Bald passierte ihm auch der erste Lapsus linguae, als er von der Murz-Mür-Furche sprach (verstohlenes Kichern). Wenige Sätze später kamen ihm die Namen der beiden Flüsse korrekt über die Lippen. Darüber selbst erfreut, streute Androsch den Nebensatz ein: „Jetzt war's richtig", wodurch er allerdings auch den letzten unaufmerksamen Zuhörer aktivierte. Als deshalb Minuten später die Mür-Murz-Furche fröhliche Urstände feierte, wurde sie mit schallendem Gelächter und Zwischenapplaus begrüßt.

Nachdem das rot-weiß-rote Band durchschnitten und Bundes- wie auch Landeshymne verklungen waren, begaben sich alle zu den wenigen Fahrzeugen und vielen Bussen, und die Kolonne setzte sich in Bewegung.

Um den Präsidentenwagen in die Abzweigung zur Autobahnmeisterei und zur Brettljause einzuweisen, steuerte ich meinen Privatwagen an der Spitze selbst. Neben mir nahm Min.-Rat.

*Bundespräsident Kirchschläger* wird wegen eines Staus bei Niklasdorf mit dem Hubschrauber eingeflogen und von Generaldirektor Lütgendorf begrüßt. Links von Lütgendorf der geschäftsführende Vorsitzende des Aufsichtsrates Maitz, rechts von Kirchschläger 1. LH-Stellvertreter Sebastian.

Bruckner, der stellvertretende Vorsitzende des Aufsichtsrates, Platz – in einem etwas zerknitterten Trenchcoat à la Inspector Columbo mit tief ins Gesicht gezogenem Hut und Sonnenbrillen. Auf der Brücke zur Anschlussstelle Übelbach stand ein ORF-Reporter mit Mikrofon und schilderte live: „Und nun nähert sich die Kolonne. Vor dem Wagen des Bundespräsidenten fährt ein sichernder weißer Mercedes mit niederösterreichischem Kennzeichen, besetzt mit bewaffneten Geheimpolizisten ..." (Eine KOBRA gab es damals ja noch nicht.)

Wir entstiegen im Hof der Autobahnmeisterei den Fahrzeugen, als sich wie durch Zauberhand gleichzeitig alle Hubtore öffneten und den Blick auf die gedeckten Tische freigaben. Der Bundespräsident war beeindruckt: „Das ist ein Gag!"

Wir meinten, dass Dr. Kirchschläger, nun schon seit Stunden unterwegs, vom Hubschrauber aus dem Stau direkt eingeflogen und nach der stundenlangen Feier und Befahrung sicherlich einige Minuten Erholung brauchte. Aber wie ihn darauf ansprechen? Dr. Maitz, Otto Lütgendorf und ich hatten unabhängig voneinander den gleichen Gedanken und benützten nacheinander wohl auch die gleichen Worte, denn als ich dann knapp neben dem Präsidenten zu stehen kam, fragte ich ihn leise, ob er sich nicht vielleicht die Hände waschen wolle? Er sah mich einen Augenblick verblüfft an, um dann unnachahmlich lachend hervorzustoßen: „Nein, ich will mir wirklich nicht die Hände waschen!", mir dabei auf die Schulter schlagend.

Nachdem in den nächsten Stunden alles Mobiliar von der Feier vorm Nordportal weggeräumt war und die Busse die Festgäste zu ihren bei der Mautstelle geparkten PKW zurückgebracht hatten, ging ein Signal zu den Auffahrten, die Strecken freizugeben. Die Mautstelle liegt nur wenige Kilometer von St. Michael entfernt, und so wurden die ersten Fahrzeuge aus dieser Richtung erwartet. Allerdings wurde die Auffahrt Traboch mit der kreuzungsfreien Zufahrt über die B 17 erst im Jahre darauf fertig, der Verkehr musste am Anfang von der Einmündung der Schoberpassbundesstraße ein Stück in Richtung Zeltweg zurückfahren und dann unter Beachtung des Gegenverkehrs nach links abbiegen, mehr Schikane als eine kundenfreundliche Auffahrt.

Das neue aufgenommene Mautpersonal, theoretisch zwar eingeschult, erwartete nun seine Feuertaufe in der Praxis. Aber auch praktisch alle anderen Mitarbeiter der Gesellschaft, so sie nicht mit anderen Aufgaben bei der Abwicklung der Eröffnung betraut waren, hatten sich mit ihren Angehörigen voller Neugier an der Mautstelle versammelt. Wie viele PKW würden sich anfangs auf die Mautautobahn verirren?

Was dann in den nächsten Minuten und Stunden, so etwa ab 16 Uhr geschah, wird allen, die damals dabei waren, ihr ganzes Leben lang unvergesslich bleiben. Einer Springflut gleich näherte sich von Norden eine Autolawine der Mautstelle.

Die Vorberichterstattung war perfekt gewesen, manche hatten offenbar schon Stunden auf die Freigabe gewartet, um die Ersten zu sein, die die Strecke befahren konnten. (Vielleicht, um eines Tages ihren Enkelkindern davon erzählen zu können?)

Blitzartig hatte sich ein kilometerlanger Rückstau gebildet. Die doch noch unroutinierten Mautner brauchten anfänglich sicher etwas länger, um die auch in D-Mark und Dinar erfolgenden Zahlungen abzuwickeln. Um den Stau abzubauen, wurden schnell weitere Spuren provisorisch geöffnet, und mehrere Anwesende aus unseren eigenen Reihen, darunter die Gattin von Egon Glatz, halfen spontan als Hilfsmautner (-innen). Als Wechselkassen dienten dabei auch Schuhkartons.

Erst gegen Abend beruhigte sich die Lage. Leider führte diese spontane Hilfeleistung auch zum ersten Verkehrsunfall auf der neuen Strecke. Unter denen, die nach einem seit den frühen Morgenstunden dauernden Einsatz als Helfer bei der Eröffnung noch bis in die späten Abendstunden freiwillig dabei blieben, war auch der Leiter der Hochbauarbeiten Ing. Ferdinand Heitzmann. Trotz mehrfacher Aufforderung, jetzt doch endlich Schluss zu machen und nach Hause zu fahren, harrte er lange aus, um dann bei der Heimfahrt völlig übermüdet beim Nordportal des Schartnerkogeltunnels (Totalschaden am Fahrzeug) anzuschrammen. Verschiedene Verletzungen und ein monatelanger Krankenstand mit bleibenden Schmerzen an der Wirbelsäule waren die traurige Folge.

Als sofortige Konsequenz wurden alle 16 Mautspuren mit Kassen und Induktionsschleifen

**Das Band wird vom Bundespräsidenten durchschnitten.** *Beobachter sind (v. li.):*
*Lütgendorf, LH Ratzenböck, Bautenminister Moser, Frau Lore Geiger (PAG), Finanzminister*
*Androsch, LH Niederl, Bublik.*

nachgerüstet. Die ersten Mautrechner stammten in Ermangelung geeigneter anderer Anbieter aus England. Es handelte sich um ein elektromechanisches System, das schon bei einer Brücke in Southampton im Einsatz war. Es wurde bis zur letzten Stunde montiert und die Vertreter der Lieferfirma waren noch bei der Eröffnung zugegen, sodass auch gleich die ersten Kinderkrankheiten behoben werden konnten.

Eine unerwartete Fehlerquelle lag z. B. in der Feineinstellung der Induktionsschleifen, die manchmal schon einen Verstoß anzeigten, wenn man sie mit einem Schlüsselbund in der Tasche überschritt. Am anderen Ende des Sensibilitätsbereiches konnten sie wieder ein leichtes Motorrad nicht registrieren.

Allgemein wenig bekannt ist, dass sich im Betriebsgebäude beim Nordportal auf der Ebene der Tunnelwarte ein kleines Museum über den Bau des Gleinalmtunnels befindet. Es wurde nach der Eröffnung der Strecke eingerichtet, die Schaustücke, geologische Karten und Fotos, vom damaligen Bauleiter des Nordtrums und späteren Leiter der Bauabteilung der Energie Steiermark, Dipl.-Ing. Heinz Brunold, zusammengestellt.

# 6
# Von Friesach nach Graz –
# die neue Nordeinfahrt

*Zwei dreispurige Tunnelpaare
prägen die am 29. Juni 1983
eröffnete 8,1 km lange Strecke.
Wer heute das Verkehrs-
aufkommen zwischen dem Knoten
Deutschfeistritz und dem
Plabutschtunnel betrachtet, kann
sich nicht vorstellen, dass aus
Sparsamkeitsgründen eine Zeit
lang mit lediglich zwei Fahrspuren
je Röhre geliebäugelt wurde, und
muss auch der Vision danken,
die sich letztlich gegen Unkenrufe
durchgesetzt hat.*

**Grazer Nordeinfahrt** *mit Blick gegen
Südportal des Gratkorntunnels Süd. Das
neue Tragwerk der Murbrücke entsteht,
daneben ist noch die später gesprengte
Schnellstraßenbrücke zu sehen, deren
baulicher Zustand eine Adaptierung an
die neue Linienführung aus wirtschaft-
lichen Gründen nicht gerechtfertigt hätte.*

Dabei hätte sich ein früher begangener Fehler fast wiederholt. Anfang der sechziger Jahre des vorigen Jahrhunderts kam im Zuge des Ausbaues der B 67 Grazer Bundesstraße eine Umfahrung von Gratkorn zur Ausführung, die nach Linienführung und Kreuzungsfreiheit den damaligen Kriterien für eine Schnellstraße entsprach. Sie wies einen kurzen Tunnel auf und hätte auch als eine Richtungsfahrbahn für eine Autobahn dienen können. Die billigste Lösung wäre also gewesen, einfach parallel dazu die zweite Richtungsfahrbahn zu legen. Die dafür notwendigen Flächen hatte man freigehalten.

Nun hatte aber, wie das bei Ortsumfahrungen von Industriegebieten so ist, in der Zwischenzeit eine starke Siedlungstätigkeit der Gemeinde Gratkorn eingesetzt, und die Autobahn hätte nun durch verbautes Gebiet geführt werden müssen.

Das gestiegene Umweltbewusstsein verlangte eine vollständige Umplanung der erst 1971 fertig gestellten Grazer Nordeinfahrt bei gleichzeitiger Herabstufung der bestehenden Richtungsfahrbahn von einer Schnellstraße zur einfachen Bundesstraße.

*Die so genannte Zenzlwand* erforderte einen steilen Abtrag mit umfangreichen Sicherungen, parallel und knapp daneben liegt die stark befahrene B 67, auf welcher der Verkehr jederzeit aufrechtzuerhalten war.

In diesem Bereich lag auch die ab 1969 errichtete Murbrücke Graz-Nord der B 67. Sie war schon mit zwei Tragwerken für die Schnellstraße Graz–Bruck konzipiert, passte aber von den Anlageverhältnissen nicht mehr in die neue Linienführung zum Anschluss an den Gratkorntunnel-Süd.

Es lag auch schon ein Entwurf vor, die Brücke in den neuen Bogen einzupassen. Nach einer genauen Untersuchung stellte sich aber heraus, dass der Bauzustand, insbesondere durch die damals noch stärkeren winterlichen Salzstreuungen, schon angegriffen war und ein Umbau die Kosten nicht gerechtfertigt hätte, weshalb sich die PAG zu einem Neubau entschloss.

Vorher musste die gar nicht so alte Brücke erst abgetragen werden.

Besonderes Aufsehen in der Öffentlichkeit und heftige Kritik löste die Sprengung des ersten Tragwerkes aus. Sie fand aus Verkehrsgründen an einem Samstagnachmittag, am 17. Oktober 1981, statt. Wir hatten wohl für alle Absperrungen und Umleitungen gesorgt, aber aus verständlichen Gründen die Medien nicht gesondert eingeladen. Wer sprengt schon gerne eine gerade zwölf Jahre alte Brücke?

Dabei flog ein Betonbrocken gegen eine 20-KV-Leitung der STEG und versetzte einen der Drähte so in Schwingung, dass er einen zweiten berührte und einen Kurzschluss auslöste, wodurch in einem größeren Versorgungsgebiet im Norden von Graz das Licht ausging. Die Schlagzeilen in den Sonntagsausgaben der Kleinen Zeitung und der Krone gingen mit uns hart ins Gericht.

Von mutwilligen Brückensprengern war die Rede, die Volksvermögen vergeudeten und erst wenige Jahre alte Bauwerke nur deshalb entfernten, weil sie ihnen nicht in den Kram passten. Landehauptmann Krainer wurde als Straßenreferent des Landes noch am Abend um eine telefonische Stellungnahme gebeten, war natürlich auch nicht informiert und versicherte daher dem Reporter nur, er werde am Montag mit dem Vorstand ein ernstes Wort wechseln. Ich war selbst auf der Baustelle, worauf die Reporter, die mich zu Hause nicht erreichten, meiner Frau versicherten, das würde für die PAG schlimme Folgen haben. Wie könnten wir es wagen, eine so spektakuläre Sprengung am Stadtrand zu veranlassen, ohne die Medien einzuladen?

Es nutzte dann nur wenig, dass ich am darauf folgenden Montag nach einem Gespräch mit dem Herrn Landeshauptmann einen der Journalisten ins Büro bat, um ihm anhand der Pläne, der Gutachten und der aufliegenden Pressemappen den Grund für die getroffenen Maßnahmen zu erklären. Seine Antwort war lapidar: Er sei kritischer Journalist und lese daher prinzipiell kein Informationsmaterial.

Die Sprengung des zweiten Tragwerkes am 7. November 1981 verlief dann unspektakulär, diesmal aber in Anwesenheit der Medien. Weitere Besonderheiten dieser Strecke:

Die beiden im Mittel 660 m (Nord) bzw. 800 m (Süd) langen Tunnelpaare sind 13,25 m breit (3 Fahrspuren zu 3,75 m und 2 Gehwege zu 1,0 m). In den Südtunneln wurde je eine Fahrspur wegen der unmittelbar am Südportal gelegenen Anschlussstelle Andritz in Teilen als Abbiege- bzw. Beschleunigungsspur auf dem Boden markiert und mit Überkopfwegweisern angekündigt.

Zwischen den beiden Tunnelpaaren überspannt ein rund 400 m langer Talübergang das Siedlungsgebiet St. Stefan der Gemeinde Gratkorn.

Aufwändige Maßnahmen für den Gewässerschutz waren notwendig, berührte die Trasse doch das Wasserschutzgebiet Friesach der Grazer Stadtwerke. Auch ein angenommener Tankwagenunfall mit 25.000 l Mineralöl bei gleichzeitig auftretenden starken Regenfällen musste von den errichteten Anlagen bewältigt werden.

An einem Felsvorsprung, der so genannten Zenzlwand, laufen A 9 und die zur Schnellstraßen-Richtungsfahrbahn ausgebaute B 67 unmittelbar nebeneinander. Schon für die Bundesstraße hatte man an diesem dominant ins Murtal hineinragenden Felssporn genagt. Damals sah man keine andere Wahl, als die Wand nochmals zurückzuversetzen, heute würde man auch dort an einen Tunnel denken. Zur Sicherung in Etagen waren 1850 m² Ankerwände und 6000 lfm Anker mit bis zu 30 m Länge nötig. Um die für den 29. Juni 1983 schon angesetzte Eröffnung der 8,1 km langen Strecke nicht zu gefährden, musste an der Fertigstellung der Wandsicherung auch praktisch bis zuletzt gearbeitet werden. Der damals zuständige Bauleiter Egon Glatz erinnert sich heute noch an die oft zweimal täglich erfolgten besorgten Besuche bei der Wand durch Generaldirektor Lütgendorf.

*Am Südportal des Gratkorntunnels Süd* fand am 29. Juni 1983 die Verkehrsfreigabe der neuen Grazer Nordeinfahrt statt.

Rein optisch schienen die Bedenken vielleicht begründet, doch dienten die nicht entfernten Gesteinsmassen am Fuße der Wand dem Schutz der anderen Arbeiten an der Fahrbahn selbst.

Übrigens wurde im Zuge der Baumaßnahmen an der Geraden nördlich des Gratkorntunnels Nord 1982 eine der ersten (wenn nicht die erste) Lärmschutzwände der Steiermark von der PAG durchaus freiwillig errichtet, weil jenseits der parallel führenden Bundesstraße, aber unmittelbar an dieser, eine Reihe von Siedlungshäusern stand und die Gesellschaft der Ansicht war, Autobahn plus Bundesstraße vorm Fenster zu haben, sei des Guten zu viel. Was heute eine Selbstverständlichkeit ist, kam für die Bürger damals derart unerwartet, dass sie Dankschreiben an die PAG richteten!

Heute ist der Lärmschutz entlang der Autobahnen in Österreich ein zentrales Anliegen der Behörden. Das hat in Folge auch zu Auswüchsen geführt. Wurden 1997 netto erst 5,7 Mio. Euro pro Jahr für Lärmschutzbauwerke aufge-

**Bautenminister Sekanina** *bei der
Eröffnungsansprache*

kehrslärms um jeweils 5 dB (Dezibel) herabzusetzen sind, was etwa 30 % entspricht (10 dB bedeuten logarithmisch 100 %). Damit entsprachen mit einem Schlage die meisten bis dahin errichteten Lärmschutzwände nicht mehr den Anforderungen und waren nachzurüsten. Die dafür errechneten Kosten betragen das Dreifache. Um die auf dieser Richtlinie basierenden Forderungen von Gemeinden und privaten Anrainern zu ordnen, wurde das Modell für eine Prioritätsreihung entwickelt. Auch die EU lässt sich nicht lumpen. Eine EU-Umgebungslärmrichtlinie ist in Ausarbeitung.

Derzeit schätzt man die Kosten für Lärmschutzmaßnahmen auf 5 % der Neubaukosten. Steht jedoch eine Generalerneuerung an (wie entlang eines Großteiles der A 1 Westautobahn) werden bereits 20 bis 25 % der Kosten dafür aufgewendet werden müssen! Die Leser sind eingeladen, mit offenen Augen durchs Land zu fahren und sich selbst eine Meinung über die Notwendigkeit der einen oder anderen Lärmschutzwand zu bilden.

Zurück nach Gratkorn: für die Stadteinfahrt aus Norden nach Graz bedeutete die Eröffnung des Abschnitts Friesach bis Raach einen verkehrsmäßigen Quantensprung, dessen Schönheitsfehler lediglich darin bestand, dass sich bis zur Eröffnung des Plabutschtunnels am 27. Juni 1987 der Verkehr an der Stadtgrenze wieder von neuem staute.

wendet, so sind dafür im Jahre 2003 bereits 31,5 Mio. Euro im Budget der ASFINAG vorgesehen. Derzeit existieren schon 800 km Lärmschutzwände mit einer Gesamtfläche von 2 Mio. m². Die dafür aufgewendeten Kosten betragen bisher 300 Mio. Euro, Tendenz steigend. Hauptgrund ist eine am 3. Dezember 1999 vom damals zuständigen Minister Farnleitner knapp vor seinem Ausscheiden aus der Bundesregierung erlassene Dienstanweisung, wonach verschiedene Grenzwerte für die Toleranz des Ver-

# 7
## Das Moor hatte es in sich – die Umfahrung Trieben

*Es begann als Umfahrung. Der ständig steigende Transitverkehr auf der B 113 mitten durch die Marktgemeinde führte nicht nur zu stundenlangen Staus, auch wegen der Einmündung der B 114, es hatte zusätzlich schon mehrere tödliche Unfälle mit Kindern gegeben. Die Einwohner fürchteten sich, die Straße zu überqueren, und machten entsprechenden Druck.*

Die Situation war unerträglich, sämtliche Vertröstungen auf den kommenden Bau der Pyhrnautobahn nutzten nichts mehr, es war auch schon zu Straßenblockaden gekommen.

Die Politik war gefordert, und so entschloss man sich nicht nur zu einer Ortsumfahrung, sondern zum Halbausbau einer Richtungsfahrbahn der A 9 mit gleichzeitiger Umgehung eines engen und äußerst kurvenreichen Straßenabschnitts am Hang oberhalb des Edlacher Moores, im ganzen also 11,7 km. Lediglich im Bereich der Anschlussstelle Trieben sollte aus Gründen der Verkehrssicherheit über ein kurzes Stück der Vollausbau vorgezogen werden.

Die Ausführung wurde der Gesellschaft bei der zweiten Erweiterung am 29. Juni 1978 zusammen mit dem Abschnitt Friesach–Graz-Nord übertragen. Es musste ein von der Bundesstraßenverwaltung erstelltes Projekt übernommen werden, für welches bereits das § 4-Verfahren abgeschlossen war. Im Zuge der dafür notwendigen langwierigen Verhandlungen mit den betroffenen Anrainern und Gemeinden war die

*Klirrende Kälte* empfing die Festgäste beim Spatenstich am 28. 2. 1979.
*Tief vermummt sind noch zu erkennen: v.l. neben LH Krainer Frau Moser, neben Lütgendorf Schneider, Bruckner, Schuberth, Bublik, Anelli*

Trasse immer mehr von den Hängen in die Hochmoore am Talboden verschoben worden. Schließlich sind in einer kargen Bergregion die landwirtschaftlich nutzbaren Flächen beschränkt, und die Autobahn hatte verständlicherweise auszuweichen. Das auf Grund von Versuchen im Selzthaler Moor erstellte Detailprojekt sah bereits Brücken mit einer Gesamtlänge von 2,0 km und maximale Dammhöhen von 5 m vor.

Mit dem Spatenstich für die Überführung des Zubringers Trieben am 28. Februar 1979 übernahm die PAG auch praktisch die Verantwortung für das Projekt.

Schnell wurde die Notwendigkeit von weiteren Aufschlussbohrungen mit Probedammschüttungen offenkundig, um das wahre Ausmaß der Probleme auch nur grob abschätzen zu können. Die bittere Erkenntnis war der Bedarf an weiteren 2,5 km Moorbrücken mit extremer Tiefgründung. Dazu kamen die von den Gutachtern geforderten extrem langen Schüttpausen. Es dauerte nicht lange, um zu erkennen, dass es zu Bauzeitverzögerungen kommen würde. Nach der Umplanung führte die 11,7 km lange Strecke über nicht weniger als 4,8 km Brücken.

Die zwei reinen Moorbrücken Edlach und Trieben sind zusammen 2682 m lang, die beiden Hochbrücken Trieben und Gaishorn mit zusammen 1995 m stehen ebenfalls durchwegs auf dichten Pfahlreihen, ihre Gründungsprobleme waren kaum einfacher. Und das alles jeweils mal zwei für die andere Richtungsfahrbahn.

Unter Moorbrücken versteht man in diesem Falle Tragwerke aus Fertigteilen, die auf einer schwebenden Gründung aufliegen. Sie ragen nur wenig aus dem umliegenden Sumpf hervor und haben keine andere Funktion. Man kann unter ihnen gerade noch durchgehen oder durchschwimmen.

Die in den Untergrund gerammten Schleuderbeton-Fertigteilpfähle durchörtern bis zu 35 m mächtige Moor- und Schluffböden mit darunter liegenden, ebenfalls nicht tragfähigen Schwemmsandschichten, die bei einer Tiefe von 70 m noch nicht durchfahren waren. Die Kräfte werden in so einem Falle ausschließlich durch die Wandreibung zwischen Pfahl und Sandschichten aufgenommen. (Laienhaft ausgedrückt: Die Pfahlspitzen erreichen keinen tragfähigen Grund, ein schwimmendes System eben.) Wo festere Kiessandschichten angetroffen wurden, konnten die Pfähle eine größere Belastung aufnehmen, was größere Stützweiten für die Fertigteilträger erlaubte. Die Gesamtlänge der Pfähle für die ursprüngliche Halbautobahn betrug allein schon 89 km.

In den Bereichen, die eine Dammschüttung überhaupt erlaubten, wurde wie folgt vorgegangen: Wo machbar, wurde die Nivellette (künftige Dammhöhe) abgesenkt, um die Auflasten zu reduzieren. 260.000 m² Kunststoffvlies wurden direkt auf die Grasnarbe aufgelegt, um das Eindringen des breiigen Untergrundes in das Schüttmaterial zu verhindern und um eine gleichmäßige Setzung des Dammes zu erreichen.

Dann wurden 350.000 lfm vertikale Kunststoffdrains zum Abbau des Porenwasserdruckes eingebaut. Die Dammschüttung erfolgte mit einer Überlast von bis zu 2 m, um die zu erwartende Langzeitsetzung nach Inbetriebnahme auf ein Minimum zu reduzieren. Nach der vorgeschriebenen Zeit klangen die Setzungen meist ab, worauf die Überlast wieder abgetragen und mit Frostkoffer und Feinplanie fortgefahren werden konnte.

Es gab aber auch Stellen im Edlacher und Triebener Moor, die nach Probedammschüttungen kontinuierlich im Untergrund verschwanden

*Wo möglich, wie z.B. hier* neben der
Überführung der Anschlußstelle Trieben,
wurden bis zu 2 m überhöhte Dämme
geschüttet, um die erwarteten Langzeit-
setzungen zu minimieren.

(sehr zur Schadenfreude mancher Journalisten, die darüber damals genüsslich berichteten). Die Konsequenz war dann eine Verlängerung der Moorbrücken. Die ursprünglich vorgesehene Aufbringung einer Betonfahrbahn wurde zurückgestellt und ein bituminöser Deckenaufbau gewählt.

Die Dammstrecken wurden nun überall bereits auf die volle Kronenbreite geschüttet, obwohl vorerst nur die Richtungsfahrbahn Graz in Verkehr gehen sollte. Es bestand die große Gefahr, dass sonst beim späteren Aufbringen von Schüttlasten in unmittelbarer Nachbarschaft es zu neuerlichen Setzungen und Rissen in der bereits unter Verkehr stehenden Fahrbahn hätte kommen können.

Mit der Distanz zum Ereignis kann man folgender Episode auch heitere Seiten abgewinnen.

Im Anschluss an den ersten Spatenstich am 28. Februar 1979 begaben wir uns mit den durchfrorenen Ehrengästen auf einen warmen Imbiss in ein Wirtshaus in Edlach.

Zuerst fiel uns das Fehlen des Bautenministers Josef Moser nicht auf. Dann bat mich ein junger Mann, ihm zu folgen, der Herr Minister hätte nach mir gerufen. In einem winterlich kalten, ungeheizten Kellerstüberl hielt man den Minister bei Cola mit Rum mehr oder weniger unfreiwillig fest, um von ihm im Nachhinein die Zusage nach höheren Ablösen für die in Anspruch genommenen Grundflächen zu erreichen.

Wir hatten die sauren Wiesen gerade erst übernommen und ahnten nicht, was noch so auf uns zukam. Ich zog zu den weiteren Gesprächen dann noch den Projektleiter Klaus Wandschneider zu. Viele Ablösen waren zu diesem Zeitpunkt bereits erfolgt, und der Verlauf der Trasse war ja auf Grund früherer Verhandlungen festgelegt worden. Es gab also keinen Spielraum zum Feilschen, worüber wir den Minister in Kenntnis setzten.

Nach einiger Zeit durften wir den Keller nach unverbindlichen Politikerworten dann doch verlassen.

Eigentlich hätten die Landwirte froh sein müssen, überhaupt so viel Ablöse für ihre Moorflächen bekommen zu haben, auf denen nur nach langen Trockenperioden Heu geerntet werden konnte. Daran erinnern die langsam schief im Sumpf versinkenden Heuhütten der Gegend. Für uns nahezu wertlos, sind diese Feuchtwiesen für Biologen freilich unbezahlbar.

Aus den geschilderten Schwierigkeiten ist verständlich, dass die Arbeiten nur sehr langsam voranschritten. Die tiefen Moorböden ließen ein schnelleres Schütten nicht zu, die notwendigen Pausen wurden von der auf die Fertigstellung der Umfahrung ungeduldig wartenden Bevölkerung missverstanden. Und nachgefragt.

So hatte Klaus Wandschneider wieder einmal die Ehre, Bürgermeister und Gemeinderäte über die Baustelle zu fahren, als sie Zeugen eines Unfalls wurden. Die Baufirma hatte, um sich 600 m Umweg zu ersparen, von den ÖBB einen

*Über weite Flächen wurde Kunststoffvlies* auf die sumpfige Grasnarbe aufgelegt, um das Eindringen des breiigen Untergrundes in das Schüttmaterial zu verhindern.

ungeregelten provisorischen Bahnübergang über die Linie Liezen–St. Michael zugestanden erhalten, über welchen schwere LKW Steinbruchmaterial für die Schüttung förderten. Vor den Augen der Besucher rammte ein LKW den mit Schulkindern besetzten Regionalzug. Der LKW-Fahrer wurde schwer, etliche Bahnreisende leicht verletzt. Trotzdem durften schon nach zwei Tagen die Transporte fortgesetzt werden. Wie die Firma das in der ÖBB-Direktion geschafft hat, entzog sich unserer Kenntnis.

Nach fünfeinhalb Jahren Bauzeit ging die erste Richtungsfahrbahn am 20. Oktober 1984 in Betrieb. Wegen der geleisteten Vorarbeiten mussten dann im Laufe der nächsten Jahre nur mehr die zweiten Tragwerke der Brücken und die Fahrbahndecken hergestellt werden, sodass ab 2. September 1988 der gesamte Streckenabschnitt im Vollausbau zur Verfügung stand.

# 8
# Zwei Bundesländer
# sind sich einig –
# durch den Bosruck

**Die Hangbrücke Ardning** war mit 968 m
die längste im Taktschieben errichtete
Brücke der Pyhrnstrecke.

*Die Trassenwahl war lange
umstritten und führte zur Verzögerung des Baubeginns um ein Jahr.
Das Tunnelkonzept war jedoch
richtungweisend.
So konnten in die vorerst ausgeführte Oströhre wegen des Vor-
handenseins von Lüftungs- und
Entwässerungsstollen nach
schweren Unfällen in anderen
Tunneln zusätzliche Sicherheits-
einrichtungen verhältnismäßig
einfach eingefügt werden.*

Oberösterreichs erklärtes Ziel beim Eintritt in
die Gesellschaft im Jahre 1976 war, das direkte
Tor nach Süden zu öffnen. Der lange geplante
Bosrucktunnel sollte daher möglichst schnell
Wirklichkeit werden. Es sollte dann länger dau-
ern als geplant.

Vom Selzthaltunnel bis Spital am Pyhrn führt
die Autobahntrasse durchwegs durch schwie-
rigstes Gelände.

Die der PAG zur Ausführung übertragene
Strecke begann an der Baulosgrenze bei Bau-
km 103,750, am Südufer der Enns mit der den
Fluss schräg querenden, 270 m langen Ennsbrücke B 7.

Nach der Querung einer Strecke mit setzungs-
empfindlichem Untergrund im Ennsboden und
unter Rücksichtnahme auf die Umwelt, die ge-
schützte Fauna und Flora der Moore, ging es
vorbei an der Ausfahrt Ardning/Admont und der
Mautstelle mit integrierter Autobahnmeisterei.

Von dort steigt die Rampe zum Südportal des
Bosrucktunnels ständig an.

Aus zahllosen Felsstürzen vergangener prähis-
torischer Perioden hatten sich am südlichen
Hang des Bosruckmassivs relativ steile, ver-
lehmte und teilweise gipshältige Schuttmassen
abgelagert, bei deren Querung größte Vorsicht
geboten war. Eine 340 m lange Ankermauer
wurde erforderlich.

Für die 968 m lange Hangbrücke Ardning mussten die 20 Pfeiler auf aufwändigen Brunnen gegründet werden. Bei der Vermessung passierte
dabei das Missgeschick, dass einer der Pfeiler
nicht an der berechneten Stelle lag, was man
wegen der Tragwerkskrümmung erst spät be-
merkte. Das Taktschieben erlaubte aber keine
Toleranzen, weshalb der Pfeiler abgetragen und
neu errichtet werden musste. Die Haftpflichtver-
sicherung des Ziviltechnikers musste die Kosten
übernehmen.

Das Tragwerk selbst wurde als Hohlkasten im
Taktschiebeverfahren von zwei Seiten vorge-
schoben, wegen der verschiedenen Kurvenradien
musste das Mittelfeld dann mit konventioneller
Rüstung geschlossen werden. Vorerst wurde
nur die steigende Richtungsfahrbahn, allerdings
mit Kriechspur insgesamt 17,0 m breit, errichtet.
So erreicht die Trasse das Südportal des Bosrucktunnels auf etwa 740 m ü. M.

Die ersten Vorstudien zur Trassenführung für die Pyhrnpassquerung stammten aus dem Jahre 1968, und zwar sowohl von steirischer als auch von oberösterreichischer Seite, was bei einer Überschreitung von Landesgrenzen verständlich ist. Sie wurden von Dr. Sartorius aus Linz und von der Fachabteilung II c der Steiermärkischen Landesregierung angestellt. Die später so bezeichnete Trasse 111 sah einen 5800 m langen Basistunnel, die Trassen 121 bis 123 (Sartorius) einen bis zu 3750 m langen Scheiteltunnel vor.

Vom Bau des Eisenbahntunnels durch das Bosruckmassiv im Jahre 1905 wusste man über das Vorhandensein von Haselgebirge, Anhydrit (Gips), Schiefer und verschiedenen gebrächen Kalken. Man musste auch mit großem Wasserandrang rechnen.

So verwundert es nicht, dass 1969 auch offene Linienführungen über den Pyhrnpass untersucht wurden. Das Büro Fieber aus Steyr erhielt den Auftrag zu einer solchen Studie. Sie wurde 1973 abgeschlossen und führte neben anderen Varianten zu Trasse 231 mit einem offenen Passübergang und Trasse 132 mit einem Hanganstieg im Teichtal und dem 3570 m langen Brunnsteintunnel. Auch die Lösung mit einem 1 km langen Tunnel durch den Salberg östlich von Liezen, einem Anstieg entlang der Pyhrnpass-Bundesstraße und einem Scheiteltunnel von 3250 m mit einem Südportal unterhalb der Haßeckkehren, der fast zur Gänze auf oberösterreichischem Gebiet gelegen wäre, wurde untersucht.

Der endgültigen Festlegung der Achse des Bosrucktunnels ging ein Kompromiss voran.

Der gesetzlichen Übertragung zur Herstellung des Tunnels durch die Gesellschaft im Dezember 1975 lag das Vorprojekt für den etwa 5,8 km langen Basistunnel zugrunde, dessen Ausfüh-

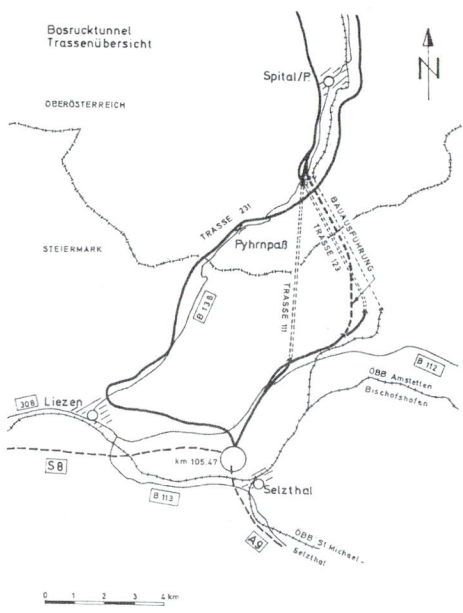

*Zahlreiche Varianten* wurden für Passübergänge und Tunnel untersucht.

rung sehr riskant schien. So sollte das Gefälle von Norden nach Süden 1,2 % betragen, was beim erwarteten großen Wasserandrang den Vortrieb nur von einer Seite, nämlich von Süden, erlaubt und eine etwa doppelte Bauzeit bedeutet hätte. Das Südportal wäre in der Nähe der heutigen Mautstelle zu liegen gekommen. Darauf hatten sich vor einiger Zeit die Landeshauptleute der Steiermark und Oberösterreichs bei einer Begehung, umringt von Journalisten und Anrainern, mit Handschlag geeinigt. Dann war im Projekt ein rund 600 m hoher Belüftungsschacht vorgesehen. Anders als beim Gleinalmtunnel waren wegen der Geologie (siehe dazu Kapitel 17) beim Abteufen eines solchen Schachtes größere Probleme zu erwarten. Die Fachleute rieten daher vom Schacht ab.

Die PAG schlug nun ihrerseits eine Trasse vor, die parallel zum Eisenbahntunnel verlaufen sollte, höhenversetzt um ca. 30 m, um die angenommene bereits vorhandene Drainagewirkung auszunützen.

**Am Nordportal des Bosrucktunnels.** *Rechts Entwässerungs- bzw. Lüftungsstollen (heute als Fluchtstollen ausgerüstet), links Oströhre, noch ohne Portalbauwerk, Bauzustand Herbst 1981.*

An die Stelle des Belüftungsschachtes sollte ein Lüftungstunnel treten, der auch einen Entwässerungsstollen aufnahm. Zusammen mit einer Anzahl von Querschlägen konnte dieses Stollensystem auch von Einsatzfahrzeugen benützt werden und für Fluchtzwecke dienen.

Dies entsprach einem auch heute noch aktuellen Konzept, solange man auf eine zweite Röhre verzichtet (oder aus Kostengründen verzichten muss). Die Tunnellänge hätte nun knapp 5 km betragen.

Dieses „Generelle Projekt 1977" fand die Genehmigung des Bundesministeriums für Bauten und Technik, worauf die § 4-Verordnung beantragt wurde.

Mit dem neu genehmigten Projekt kam allerdings das Südportal in die Nähe des Eisenbahntunnels im engeren Ortsgebiet von Ardning zu liegen und löste Proteste unter der Bevölkerung aus.

Es gab eine Unzahl von Einsprüchen mit anschließender öffentlicher Anhörung im Gemeindeamt von Ardning im November 1977, die zwei Tage dauern sollte.

Dort wurde auf das Treffen der beiden Landeshauptleute verwiesen und stereotyp wiederholt, was der damals beliebte Moderator der Fernsehsendung „Begegnung zwischen Tier und Mensch" und Leiter der Forschungsstelle Wilhelminenberg, Professor h. c. König (wissenschaftlich nicht belegt), zum Thema „kontaminierte Milch aus den Eutern von Kühen, die entlang der Autostraßen grasen" zum Besten gegeben hatte. Und dieses Argument wollten reihum alle 300 Erschienenen als Begründung für ihren Einspruch protokolliert wissen, einer nach dem anderen. Nach unserer Schätzung würden 250 der erschienenen Grundeigentümer die geplante Autobahn kaum hören und weder sehen noch riechen können. Dem widersprach ein Weidmann mit feiner Witterung, der vorgab, die bestehende, weit entfernte Bundesstraße von seinem Hochsitz aus riechen zu können, wild akklamiert von den Anwesenden.

*Landeshauptmann Ratzenböck* als
Gastgeber auf oberösterreichischem
Boden bei seiner Festrede

*Landeshauptmann Dr. Krainer* bei der
Festansprache zur Eröffnung des Bosrucktunnels am 21. 10. 1983

Nachdem ich äußerst geduldig eineinhalb Tage zugehört hatte, trat ich zum Fenster, blickte auf den überfüllten Parkplatz vor dem Gemeindeamt und stellte laut vor mich hin fest: „Entweder gibt es in Ardning ausschließlich umweltfreundliche Autos (Anmerkung: Der Katalysator stand gerade vor der Einführung!) oder gehören die da unten etwa gar nicht den Anwesenden?" Die Anhörung war schnell beendet, der Rest verzichtete auf die Protokollierung.

Trotz der Vorlage eines Klimagutachtens und einer Untersuchung über die Schadstoffbelastung in der Umgebung des geplanten Südportals musste sich die Gesellschaft letztlich den Protesten beugen, da die Politik sich scheute, die als kostengünstigste Linie erkannte Trasse zu verordnen. Es war wohl eine der ersten (berechtigten oder unberechtigten) Manifestationen von Umweltbedenken, später als Bürgerini-

tiativen bezeichnet, die ein Bauvorhaben verzögerten oder verhinderten, mehr als ein Jahr vor der Abstimmung über Zwentendorf, die für gewöhnlich als Beginn einer neuen Ära der Bürgerbeteiligung und der Umweltverträglichkeitsprüfung angesehen wird.

Der Gesellschaft blieb nichts anderes übrig, als das Südportal etwa 500 m nach Südwesten zu verlegen, was zum Bau einer 5500 m langen Oströhre führte. Nach Umplanung, Grundablösen und Erschließung neuer Baustellenzufahrten erfolgte endlich am 5. Oktober 1978 die Verordnung über den Straßenverlauf, und so konnte der Sondierstollen wenige Tage danach, aber etwa ein Jahr später als vorgesehen, am 30. Oktober 1978 angeschlagen werden.

Als Tunnelpatin fungierte Frau Brigitte Androsch, die mit ihrem Gatten, dem Vizekanzler, in

**Luftaufnahme der Hangbrücke Ardning** *während des Taktschiebens*

einem funkelnagelneuen Dienstwagen angereist kam. Bekanntlich pflegen die Mineure den ersten Sprengschuss zu Ehren von Tunnelpatin und der hl. Barbara so zu überladen, dass es richtig tuscht. Damals tuschte es nicht nur laut, es flogen auch Steine. Einer traf den Dienstwagen des Ministers, obwohl dieser gut geschützt hinter einem Hügel stand. Da in den nächsten Jahren die Tunnelpatin ihre Aufgabe ernst nahm, öfter von Altaussee aus den Tunnel besuchte und an allen Festen teilnahm, hielt auch die heilige Barbara ihre Hand schützend über Tunnel und Mineure. Die Anzahl der Unfälle blieb weit unter den statistischen Prognosen für ein so großes Bauvorhaben.

Einen Teil der zum Bau notwendigen Geldmittel hatte sich die Gesellschaft vorausschauend bereits im August des Vorjahres auf dem internationalen Kapitalmarkt zinsengünstig beschafft.

Wegen der Verzögerung des Baubeginns wurde mit Gewinn zwischenveranlagt, dennoch hat Jahre später der Rechnungshof die nach seiner Ansicht vorzeitig begebene Auslandsanleihe beanstandet. Diese Kritik war einer der Gründe, die in Folge zur Trennung der Bau- von den Finanzierungsaufgaben bei den Sondergesellschaften und zur Gründung der ASFINAG im Jahre 1982 führten.

So verläuft heute also der Bosrucktunnel von Norden vorerst auf 3000 m Länge im Abstand von 100 m und 30 m höher parallel zum Eisenbahntunnel und schwenkt dann mit einem Radius von 1500 m nach Westen. Das Gebirge des Bosrucktunnels war wesentlich schwieriger zu beherrschen als das des Gleinalmtunnels. Die eingangs erwähnte Entscheidung für den Bau zweier Lüftungsstollen zwischen den Hauptröhren bis zu den Tunnelviertelpunkten an Stelle von Lüftungsschächten entsprang aus der Problematik der verhältnismäßig hohen Überlagerung und der schlechten Gebirgsverhältnisse. Die Lüftungsstollen dienten gleichzeitig der Sondierung und wurden auch durch einen Sondierstollen miteinander verbunden.

Durch den tiefer liegenden Bahntunnel erwartete man sich eine Entwässerung des Gebirges und ein Ausbleiben der großen, beim Bau des Eisenbahntunnels erfolgten Wassereinbrüche. Dem war dann nicht ganz so. Beim Übergang im Nordtrum vom Haselgebirge, welches als Wasserstauer wirkt, in den Wettersteinkalk kam es beim Vortrieb des Lüftungsstollens zu einem großen Wassereinbruch. Es wurde eine wassergefüllte Kluft angebohrt, die mit einem weit verzweigten System verbunden war. Das Wasser spritzte meterweit in armdicken Strahlen aus den Bohrlöchern. Das Problem wurde gelöst, indem ein Einbruch gebohrt wurde, der nicht bis zur Kluft reichte. Der Stollen wurde geräumt und der Einbruch gesprengt. Gespannt wartete man am Stollenportal auf das Ergebnis. Ein Schwall braunen Wassers wälzte sich aus dem Stollen über den vorbereiteten Abfluss in die Teichl. Der Wasserstrom pendelte sich bei 300 l/sec ein und hielt mehrere Tage an, um sich allmählich auf 70 l/sec zu reduzieren. An der Ortsbrust hatte sich das tosende Wasser in eine friedlich plätschernde Quelle verwandelt, die gefasst und in den mitgezogenen Kanal abgeleitet werden konnte.

Das angetroffene Haselgebirge (gipshältiges Salzgemisch) zeigt ein hervorragendes, jedoch heimtückisches Ausbruchsverhalten. Es lässt sich profilgerecht ausbrechen, erscheint standfest, neigt aber, wie dem Salzgebirge eigen, zum Kriechen. Eine massive Ankerung von etwa 150 lfm Anker je lfm Tunnel war zur Sicherung nötig.

Die Konvergenzen im Haselgebirge waren dementsprechend gering, nur wenige Millimeter bis Zentimeter, und nur über Monate messbar, kamen aber abschnittsweise trotz schwerster Ankerung überhaupt nicht vollständig zur Ruhe. Im Laufe der Jahre waren daher aufwändige Maßnahmen inkl. Überfirstungen notwendig, die zu Behinderungen des Verkehrs während der Arbeiten führten.

Für den Ausbruch des Stollens von zwei Seiten wurden 21 Monate, für den folgenden Ausbau des Haupttunnels 38 Monate benötigt. Die gefürchteten schlagenden Wetter (Methangaskonzentrationen), die beim Bau des Eisenbahntunnels eine verheerende Explosion auslösten, hatten sich durch die nun schon bestehenden Klüfte weitgehend verflüchtigt. Der Durchschlag erfolgte am 22. Januar 1982.

Da der ganze Tunnel mit einer zwei mm starken PVC-Weichfolie isoliert wurde, war kein Tropfwasser festzustellen. Die Vollquerlüftung sorgt auch nach nunmehr 20 Jahren bei Gegenverkehr für gute Sichtverhältnisse.

Allerdings mussten zur Erhöhung der Sicherheit auf Grund neuerer Erkenntnisse in den letzten Jahren zusätzliche Maßnahmen getroffen und Einbauten vorgenommen werden, über die an anderer Stelle berichtet wird. Diesen kam das Vorhandensein der 12 Querschläge zwischen Haupt- und Lüftungstunnel sehr gelegen, die als Fluchtstollen ausgerüstet werden konnten.

Am Nordportal wurde ein Winterdienststützpunkt angefügt. Bis zur Anschlussstelle Spital am Pyhrn folgen noch die 158 m lange Brücke über die Pyhrnpass-Bundesstraße und die 587 m lange Großbrücke über den Teichlboden mit 13 Feldern.

Die Eröffnung des 12,4 km langen Abschnitts zwischen der Anschlussstelle Spital am Pyhrn

**Bosrucktunnel-Südportal** – *Bauzustand Frühjahr 1982. Zu beiden Seiten des Fluchtstollens erkennt man die voll ausgebaute Oströhre (rechts) und den Blindtunnel zur künftigen Weströhre.*

und dem Knoten Selzthal erfolgte am 21. Oktober 1983.

Die Zeiten hatten sich auch personell geändert. An die Stelle der Minister Dr. Androsch und Moser waren Dr. Salcher und Sekanina getreten. Hatten sich am denkwürdigen Treffen auf einer Wiese bei Ardning noch Dr. Niederl und Dr. Wenzl die Hand geschüttelt, hielten nun am Nordportal des Bosrucktunnels die Landeshauptleute Dr. Krainer und Dr. Ratzenböck die Eröffnungsansprachen.

Gleichzeitig mit dem ASFINAG-Gesetz vom 8. Oktober 1982 war die PAG mit der Erweiterung der Strecke bis Roßleithen betraut worden. Seit 1978 führte die Gesellschaft aber bereits Aufschlussbohrungen für die Trassenentscheidung im Teilabschnitt Spital/Pyhrn–Windischgarsten und als Bauvorbereitung durch.

So war es möglich, noch während der Arbeiten an der Nordrampe zum Tunnel diese am neuen Abschnitt in Richtung Roßleithen unmittelbar fortzusetzen.

Auf einige Besonderheiten dieser Strecke sei im Folgenden hingewiesen: Die Kronenbreite der neuen Trasse musste über Weisung des Bautenministeriums aus Sparsamkeitsgründen nach dem neuen Regelquerschnitt A 4* von 27,0 auf 24,0 m verringert werden.

Von der Anschlussstelle Spital kommend konnte die Trasse nur in begrenztem Maße von Siedlungsgebieten abgerückt werden. Um die Lärmemissionen zu reduzieren, wurden den neuen Kriterien entsprechend einerseits natürliche Einschnitte genützt, andererseits bepflanzbare Dämme angelegt.

Die Errichtung von drei großen Mauern war notwendig. An zwei Stellen mussten bergseitig flach auslaufende Schwemmkegel, bestehend aus unterschiedlichstem Material, angeschnitten und dann gesichert werden. Die 210 m

**Die Festgäste,** *im Vordergrund die beiden Landes-
hauptleute mit Bautenminister
Sekanina, sichtlich amüsiert
über das verlesene Festmenü,
allerdings schon vor 77
Jahren, beim Durchschlag des
Eisenbahntunnels 1905
serviert.*

**Das Band vor dem Nordpor-
tal durchschneiden** *am 21.
10. 1983 (v.l.): Krainer,
Sekanina, Tunnelpatin Frau
Mag. Brigitte Androsch,
Ratzenböck.*

lange Ankerwand MANOS birgt bis zu 60 m
lange Stahlanker. Besonders kritisch war die
Situation im Bereich des Josefibergeinschnitts.
Der 163 m langen bergseitigen Winkelstützmauer Schwarzenberg musste eine 143 m
lange Ankerwand in Kombination mit einer
Winkelstützmauer zum Josefiberg gegenüber-
gestellt werden.

Heute würde man diese Stelle vermutlich wie
bei St. Pankraz mit Grünbrücken überdecken.
Zwischen der Vorderstoder-Landesstraße und
der Bezirksstraße zum Gleinkersee durch-
schneidet die Trasse ein Moorgebiet. In bewähr-

ter Weise wurden auch dort Bauvliese direkt auf
die Grasnarbe verlegt und Überlastschüttungen
zur Vorverdichtung bis zum Abklingen der Setzungen durchgeführt.

Der 9 km lange reine Freilandabschnitt konnte
am 5. August 1986 für den Verkehr freigegeben
werden. Damit wurden auch der Ortskern von
Spital und die Siedlungen am Rande von Windischgarsten vom Durchzugsverkehr befreit.

Dann allerdings trat beim Weiterbau Richtung
Sattledt bis zum Anschlag des Lainbergtunnels
am 6. Juni 1995 eine Pause von neun Jahren
ein.

## 9
## Nadelöhr des Kontinents –
## der Knoten Selzthal

*So titelte der Sachbuchautor Peter Müller im Herbst 1974 eine Broschüre, die die katastrophalen Verkehrsverhältnisse in der Obersteiermark anprangerte. Es war ein Schrei nach dem Ausbau der Pyhrnstrecke. Zu diesem Zeitpunkt war der Gleinalmtunnel bereits in Bau und das öffentliche Interesse wandte sich dem nächsten Verkehrsproblem zu, dem Großraum Bosruck–Liezen.*

**Blick auf das Nadelöhr** *von Süden gegen Selzthal. Rechts im Bild auf engstem Raum Bahnlinie, Bundesstraße und Paltenbach, links die vorerst fertig gestellte Weströhre und der Stummel für die erst am 30. 10. 2000 in Betrieb genommene Oströhre. Bauzustand Juni 1977.*

Der Transitverkehr von Deutschland in Richtung Balkan bewegte sich zu dieser Zeit fast ausschließlich entlang der Linie München–Salzburg–Radstadt–Schladming bis Liezen und suchte sich von dort seinen Weg weiter über den Schoberpass–Bruck/Mur und Graz zum Grenzübergang Spielfeld. Die Gleinalm Autobahn würde lokal für den Bereich Leoben–Bruck Abhilfe schaffen, aber wie sah es bei Liezen aus? Der Bosruckpass hatte damals nur innerösterreichische Bedeutung, die Autobahn von Nürnberg nach Passau bestand erst auf dem Papier. Die Scheitelstrecke der Tauern Autobahn würde noch lange keine Entlastung bringen, fehlte doch die Fortsetzung durch Kärnten bis zu den Karawanken zur Gänze. Über die Westautobahn und dann durch Ungarn zu fahren, war politisch nicht möglich.

So rollte der gesamte Schwerverkehr Tag und Nacht quer durch das Land. Mehrmals jährlich wurde er verstärkt durch eine Welle eher altersschwacher Kleinbusse vom Typ Ford Transit, voll besetzt mit Großfamilien, auf dem Dach turmhoch bepackt, in Richtung Türkei. Müdigkeit

und Fahrzeugzustand trugen zu spektakulären Unfällen bei, die Bezeichnung „Todesstrecke" war ein Begriff.

Rollte der Verkehr noch halbwegs flüssig durch das obere Ennstal, kam es ab der Kreuzung mit der Salzkammergut-Bundesstraße vor Stainach immer wieder zu Staus. Ab Stainach ging es Stoßstange an Stoßstange über die B 112 bis Liezen. Dort stieß der Nord-Süd-Verkehr vom Pyhrnpaß dazu, und dann ging es, wenn überhaupt, nur mehr im Schritt weiter, dafür sorgten drei mit Schranken gesicherte Bahnübergänge innerhalb weniger Kilometer zwischen Liezen und Rottenmann. Derjenige bei der Ortsausfahrt Liezen blieb besonders oft geschlossen, weil wegen der Kanonenfabrik der VÖEST reger Verschubdienst herrschte. In der Kurve danach und bei der folgenden Röthelbrücke über die Enns blieben Sattelschlepper immer wieder stecken, sodass der Wärter den Schranken oft nicht einmal schließen konnte.

Wenige Kilometer später das gleiche Bild bei der Mündung des Paltenbaches ins Ennstal. Auf

*Halbausbau mit erster Moorbrücke* und prov. Knoten zwischen A 9 und Ennstalschnellstraße. Auf die Pfahlreihen im Moor werden Sattelbalken aufgesetzt, darüber die Tragwerke für die Fahrbahn. Im Hintergrund die Ennsbrücke und die Rampe zum Bosrucktunnel. Bauzustand April 1981.

engstem Raume nebeneinander die Bahnlinie mit dem zweiten Schranken, der Fluss und über diesen die Straßenbrücke mit Gewichtsbeschränkung in einer S-Kurve. Die Gewichtsbeschränkung spielte dann schon keine Rolle mehr, weil die Brücke wegen fehlender Breite von den Sattelschleppern ohnehin nur im Alleingang passiert werden konnte.

Im Bereich des dritten Schrankens eine Abzweigung ohne ausreichende Abbiegespur in eine Nebenstraße. Nach Öffnen des Schrankens konnte eine Seite erst weiterfahren, wenn die Gegenseite ein Einsehen hatte, auf den Vorrang verzichtet und den Abbieger durchwinkte.

Auffahrunfälle waren so alltäglich, dass sie in der Statistik, wie sie der Nachwelt überliefert wurde, nicht mehr aufscheinen.

Endlich wurden um 1976 Baumaßnahmen eingeleitet. Von Liezen weg wurde begonnen, einen Ast der projektierten S 8 Ennstal-Schnellstraße

in Richtung des Knotens mit der A 9 auf ungünstigen Untergrund zu schütten. Der Knoten selbst kam in einem Moor zu liegen, was vielfältige Probleme und Zeitverluste bringen sollte.

Die Geologie des Ennstales zwischen Liezen und Selzthal ist durch postglaziale Auffüllungen geprägt. Eine Felsschwelle beim Gesäuseeingang verursacht einen Rückstau des Grundwasserstromes, der für die Moorbildung verantwortlich ist. Am Beckenrand wurden aus den Seitentälern Kies und Sand in das Trogtal eingeschwemmt. Am Ende des Sedimentationszyklus treten Torf und andere organische Sedimente auf. Der schmale Durchbruch der Palten beim Mitterberg ist geologisch jüngsten Datums. Ursprünglich setzte sich das Paltental über Lassing zur Enns fort.

Aus dieser grob vereinfachten Beschreibung der geologischen Verhältnisse kann man aber auf den Schwierigkeitsgrad schließen, vor dem Pla-

*Blick gegen die Nordportale* der Selzthaltunnel im Ennstal. Unmittelbar an die beiden Röhren schließen nach Überquerung der Bundesstraße die Moorbrücken an. Sommer 2000.

ner und Ausführende standen. Um Siedlungsgebiete zu schonen, musste die Trasse durchs Moor und anschließend durch den von mächtigen Schuttmassen überdeckten Mitterberg gelegt werden, der im Kern aus Phylliten besteht. Die Weströhre des Selzthaltunnels wurde offiziell am 30. Juli 1976 angeschlagen und vom Südportal aus auch der Bau der A 9 um das für die Umgehung der dritten Bahnübersetzung notwendige Stück in Richtung Rottenmann etwa bis Strechau vorgezogen. Finanziert wurde das Projekt aus normalen Budgetmitteln und geleitet direkt von den zuständigen Bauabteilungen des Landes Steiermark.

Zur Erkundung der geologischen Verhältnisse wurden neun Bohrungen mit insgesamt 440 m abgeteuft, die nichts Gutes versprachen. Schließlich beträgt die größte Überlagerung nur 120 m. Der Vortrieb wurde von den Auftragnehmern von Süden nach dem System Bernold

begonnen. Dabei werden 6 m lange Firstbleche vorgetrieben, so genannte Masciavanti, in deren Schutz abgebaut und gesichert wurde. Schon nach etwa 27 m wurde aber doch auf die NÖT (Neue österreichische Tunnelbauweise) umgestellt. Nach Aufnahme der vollen Vortriebsarbeiten wurde auch ein Gegenvortrieb von Norden eingerichtet. Die Durchschlagsfeier fand am 20. Oktober 1977 statt. Etwa in Tunnelmitte wurde schon damals ein befahrbarer Querschlag zur künftigen Oströhre (Achsabstand 42 m) hergestellt und von dieser je 50 m nach beiden Richtungen bergmännisch aufgefahren. Ein insgesamt etwa 150 m langer Belüftungsstollen führt in Kalottenhöhe zum Betriebsgebäude im Paltengraben.

Den erwarteten geotechnischen Problemen begegnete man mit laufenden Konvergenzmessungen. Dabei fielen besonders hohe Firstsetzungen auf. Aus den erhaltenen Werten können

Maßnahmen gegen den Gebirgsdruck ergriffen und schon beim Vortrieb erforderliche Übermaße einkalkuliert werden, um die angepeilten Endquerschnitte einhalten zu können. Aus diesen Gründen wurde auch die Anordnung eines durchgehenden Sohlgewölbes erforderlich. Der Tunnel wurde von Beginn an mit einer Betonfahrbahndecke ausgestattet.*

Diese Arbeiten wurden zwar mühsam, aber doch zu Ende geführt, und die 1010 m lange Weströhre war über eine provisorische Rampe am Nordportal ab 28. Juni 1980 befahrbar. Somit standen samt dem anschließenden Freilandabschnitt insgesamt weitere 3,3 km der A 9 bis zur provisorischen Ausfahrt Strechau unter Verkehr.

Wesentlich langwieriger gestaltete sich der Bau der Moorbrücken im Bereich des Knotens der A 9 mit der S 8. So war zuerst geplant, bis zu 12 m hohe Straßendämme zu schütten. 21 im Jahre 1973 durchgeführte Rotationskernbohrungen konnten die Druckverhältnisse in den artesisch gespannten Grundwasserhorizonten nicht restlos klären, weshalb im Jahre 1975 Rammsondierungen folgten. Da damit gerechnet wurde, dass auch bei weiteren Bauabschnitten der A 9 und der S 8 ähnliche Probleme zu erwarten waren (was sich beim Bau der Umfahrung Trieben ab 1979 bestätigte), fanden ab 1977 Großversuche statt. Auf getrennten Feldern wurden Dammschüttungen und Pfahlgründungen getestet. Dazu gehörten u. a. verschiedene Dammvarianten, Auskofferung des Torfes, Probedammschüttungen, Zwischenschaltung von Glasfaservliesen zur Erzeugung eines schwimmenden Dammes und Vertikaldrains. Bei den Pfählen erfolgten Belastungsversuche und Vergleiche verschiedener Pfahltypen.*

Erst nach Abschluss der umfangreichen Untersuchungen im Frühjahr 1978 erfolgte eine vollständige Überarbeitung des Detailprojektes hinsichtlich Linienführung, Höhen der Dämme und Längen der Moorbrücken. So kam es, dass Teile des Knotens erst im Laufe der Jahre zwischen 1981 und 1983 fertig gestellt werden konnten. Der gesamte Halbausbau mit teilweise im Gegenverkehr befahrenen Rampen und gefährlichen Spurenzusammenführungen ging noch rechtzeitig vor der Eröffnung des Bosrucktunnels im Herbst 1983 in Betrieb. Mit diesem Provisorium musste nun für 17 Jahre das Auslangen gefunden werden.

Der im Gegenverkehr befahrene Tunnel besaß eine Injektorlüftung, die je nach Luftdruckverhältnissen und Verkehrslage in Stärke und Strahlrichtung gesteuert werden konnte. Wegen des hohen LKW-Anteils war sie jedoch keine adäquate Lösung, die Sicht daher meist stark getrübt.

In Richtung Norden gab es öfter Auffahrunfälle. Mit der Eröffnung des Bosrucktunnels im Oktober 1983 musste bald nach der Ausfahrt aus dem Selzthaltunnel der Verkehr zur Hauptrelation Ennstal in Richtung Salzburg in einem engen Bogen ausgeleitet werden. Ausländische Benützer konnten nicht schnell genug ihre Wahl treffen, ob sie nun, wie am Überkopfwegweiser angekündigt, geradeaus den kürzeren Weg nach Nürnberg wählen oder nach Gewohnheit über Salzburg und München fahren sollten. Die Relation über die Pyhrnstrecke wurde nämlich beworben, um Teile der Verkehrsströme vom Ennstal abzuziehen, dessen Bevölkerung sich gegen den Weiterbau der Schnellstraße ausgesprochen hatte. Und die Unebenheiten auf den Dammstrecken, eine Folge der teilweise nicht abklingenden Setzungen des moorigen Untergrundes, blieben den Kraftfahrern noch lange in Erinnerung.

In Richtung Graz wieder mussten die jeweils zwei Fahrspuren von A 9 und dem Ast der S 8 (heute wieder zur B 320 abgestuft) in einem kurzen Bereich vor dem Selzthaltunnel auf eine Fahrspur für den Gegenverkehrsbereich zusammengezogen werden, was ebenfalls zu Unfällen und Staus führte.

Nach dem Aufgehen der PAG in der ÖSAG Anfang 1993 wurden Planungen und Behördenverfahren für den Weiterbau eingeleitet. Am 6. Dezember 1996 wurde die Ausführung des Vollausbaues an die ÖSAG übertragen. Die Finanzierung wurde durch die Autobahnvignette ermöglicht. Am 7. März 1997 erfolgte der Spatenstich, es musste vom Nordportal der zweiten Röhre wieder eine 1,3 km lange, auf Pfählen ruhende Brücke durch das Moor gezogen werden.

Am 16. Mai 1998 erfolgte der Anschlag zur Oströhre. Für diese war im Zuge der Arbeiten von 1976/78 im Süden bereits ein 55 m langer Blindtunnel vorgezogen worden. Über die Jahre hatte sich an der Brust ein Verbruch ausgebildet, der sich wegen der geringen Überlagerung bis zur Oberfläche hinzog und dort sichtbar eine so genannte Pinge bildete. Diese hatte man zwar schon mehrmals gesichert, doch musste sie noch vor Beginn der eigentlichen Vortriebsarbeiten ab März 1998 aufwändig saniert werden.

Der zu durchörternde Höhenrücken des Mitterberges, der die südliche Begrenzung des Ennstales bildet, weist im Bereich des Tunnels an der Hanglehne eine Überlagerung von lediglich 95 m auf. Die mächtigen Lockerschuttmassen und Ablagerungen aus der Eiszeit überdecken kleinstückelig zerlegte und teilweise mylonitisierte (d. h. vollständig zerriebene) Phyllite und Grünschiefer der Grauwackenzone.

Vieles davon war zwar schon vom Bau der ersten Röhre bekannt, aber im Untertagebau gleicht selbst eine parallel geführte Tunnelröhre

*Wirtschaftsminister Farnleitner* beim Spatenstich zum Vollausbau der Anschlussstelle Selzthal mit zweiter Röhre Selzthaltunnel und weiteren Moorbrücken am 7. 3. 1997.

nicht der nächsten. Nach jedem Abschlag können sich die Verhältnisse ändern, das trägt zum Reiz, aber auch zu den Gefahren des Mineurberufes bei.

Schon am 17. September des gleichen Jahres, also in Rekordzeit, erfolgte der Durchschlag. Nach Fertigstellung der 965 m langen Oströhre war es aber notwendig, eine Generalsanierung der Weströhre vorzunehmen, die inzwischen 20 Jahre ununterbrochen in Betrieb war. Auf den letzten Stand der Technik gebracht, konnte am 30. Oktober 2000 die voll ausgebaute Anschlussstelle mit beiden Tunnelröhren endlich eröffnet werden.

Insgesamt beträgt die Länge dieses Abschnittes 4,3 km, schließt man den Bereich um das zweite Tragwerk der Ennsbrücke ein (die 1983 noch

*Wie ungeordnetes Riesenspielzeug* nehmen sich die Köpfe der in den sumpfigen Grund gerammten, bis zu 70 m langen Schleuderbeton-Fertigteilpfähle aus. Auf den Pfahlköpfen ruhen Sattelbalken, auf welchen wiederum die Brücken-Fertigteilträger aufliegen.

dem Bosruckabschnitt zugerechnet wurde).* So hat 26 Jahre nach Peter Müllers aufrüttelnder Veröffentlichung das „Nadelöhr des Kontinents" nun endgültig seinen Schrecken verloren. Peter Müller hat diesen Tag leider nicht mehr erlebt.

---

\* Ausführliche Hinweise zu den beschriebenen Bauwerken finden sich im Literaturverzeichnis.

**Die Fertigteilträger werden versetzt.** Unter den Moorbrücken kann man stellenweise
gerade durchgehen oder durchwaten.

**Im Zuge der Pyhrnautobahn gibt es zwei Mautabschnitte.**
Im Bild die Mautstelle bei St. Michael i. O. im Lainsachtal.

# 10
# Ein großer Tag
# für die Steiermark –
# die Pyhrn ist fertig!

*Am 26. Mai 1993 fand der Lücken-*
*schluss am Schoberpass statt.*
*Wahrlich ein Festtag. Das Land*
*besaß jetzt endlich die lang*
*ersehnte durchgehend befahrbare*
*Nord-Süd-Autobahn von Liezen*
*nach Spielfeld. Und der Transit-*
*verkehr war kanalisiert.*

**Bundesminister für wirtschaftliche**
**Angelegenheiten Wolfgang Schüssel**
*eröffnet die Scheitelstrecke bei Wald am*
*Schoberpass am 26. 5. 1993.*

Lange hatte man warten müssen. Nach der Verkehrsfreigabe der Umfahrung Trieben bis zur provisorischen Abfahrt Gaishorn als Halbautobahn am 20. Oktober 1984 und der bereits seit 1979 befahrbaren Rampe zur Anschlussstelle Traboch waren die Arbeiten am zweiten rein steirischen Herzstück der Pyhrnstrecke, dem Ausbau des Schoberpasses, ins Stocken geraten. Über vier Jahre auf der Nord-, ja sogar schon neun Jahre auf der Südrampe endeten Autobahnstümpfe im Nichts.

Erst mit den Spatenstichen vom 9. November 1987 für das Baulos 32 ROTTENMANN sowie vom 3. Dezember 1988 für das Baulos TREGLWANG (von Gaishorn bis Wald) wurden die Arbeiten wieder aufgenommen. Die Fertigstellung sollte dann schon in die Zeit der Eingliederung der PAG in die ÖSAG fallen.

Es klafften also zu dieser Zeit in der Steiermark noch zwei Lücken. Seit der Freigabe des Autobahnbauloses Windischgarsten Ende 1985 musste innerhalb eines Abschnittes von 42,5 km der Durchzugverkehr im Gebiet der

Gemeinde Rottenmann über fast 7,5 km auf der Bundesstraße B 113 abgewickelt werden. Diese war als ortsnahe Umfahrungsstraße ausgebaut und brachte für die in der Nähe liegenden Siedlungen schwere Umweltbeeinträchtigungen.

Die zweite, ungemein kritischere Lücke hatte eine Länge von rund 38 Planungskilometern. Die am Ende ihrer Kapazität stehende Schoberpass-Bundesstraße war zwischen Traboch und Wald, der 28 km langen Südrampe, wieder zum gefährlichsten Straßenstück des Landes geworden. Der schnell zunehmenden Zahl von Verkehrsunfällen versuchte man vergeblich mit einem nahezu lückenlosen Überholverbot und rigoros überwachten Geschwindigkeitsbeschränkungen entgegenzuwirken. Frustrierte Lenker verloren, hinter endlosen LKW-Kolonnen herzuckelnd, trotz Verboten immer öfter die Geduld und versuchten auch bei der geringsten Chance ein riskantes Überholmanöver.

Wer in diesen Jahren öfter über den Schoberpass unterwegs sein musste, wird den Horror, der dort herrschte, nie mehr vergessen. Es waren teils selbst erlebte Schrecksekunden, öfter wurde auch der disziplinierteste Verkehrsteilnehmer Zeuge von Unfällen. Der Anblick herumliegender Wrackteile oder Unfallopfer war alltäglich. Trauriger Rekord im Jahre 1990: 119 Unfälle, 30 Tote.

Als auch die Schwere der Unfälle rasant stieg, kamen die Ärzte des kleinen Betriebsspitals Kalwang mit der Versorgung der Verletzten nicht mehr nach, die Unfallversicherungsanstalt und der Hauptverband der Sozialversicherungsträger mussten helfend einspringen.

Vergleichsweise weniger dramatisch war die Situation auf der rund 10 km langen Nordrampe. Vom provisorischen Autobahnende bei Gaishorn führte die ausgebaute B 113 in zügiger Linienführung an Treglwang vorbei und wies am Anstieg zur Passhöhe vor Wald sogar nach einer langen Kettenanlegespur eine etwa 1500 m lange Überholstrecke auf, die den ärgsten Stress lindern half.

Die PAG war vorerst nicht mit dem Weiterbau betraut worden, der Bundesstraßenverwaltung standen zum Weiterbau der A 9 aus dem ordentlichen Haushalt keine Mittel zur Verfügung. Ein großer Teil der für die Steiermark verfügbaren Gelder floss in den Bau des Plabutschtunnels und den Ausbau der 5,4 km langen Umfahrung Rottenmann zur Vollautobahn.

Initiativen, Resolutionen des Landes und Interventionen bei der Bundesregierung führten vorerst zu keinem Erfolg, bis dann ein für die Steiermark günstiges Ereignis eintrat. Eine Bürgerbefragung lehnte den Baubeginn der zweiten Röhren von Tauern- und Katschbergtunnel ab. Die dafür bereits eingeplanten Gelder sollten zweckgebunden zum Ausbau einer anderen Transitstrecke umgelegt werden, was mit Hilfe von Gesetzesänderungen, wie der ASFINAG-Novelle 1986, den vorgezogenen Lückenschluss

auf dem Schoberpass mit umgehendem Baubeginn ermöglichte.

Die Finanzierung und Koordination bzw. Oberbauleitung erfolgte über die PAG, das Land Steiermark leitete die Arbeiten von der Planung über die Ausschreibung bis zur Abrechnung, während die PAG über Vorschlag des Landes die Aufträge erteilte. Der Haftungsrahmen für die Finanzierung durch die ASFINAG wurde ebenfalls durch eine Novelle erhöht.

Man kann die Arbeiten am Lückenschluss in vier Abschnitte unterteilen, an denen zu unterschiedlichen Zeiten mit dem Bau begonnen wurde. Entsprechend zeitversetzt erfolgte dann die Fertigstellung. Auch nach den technischen und organisatorischen Anforderungen sind Unterscheidungen möglich, ohne dass man von verschiedenen Schwierigkeitsgraden sprechen kann.

### Lückenschluss Rottenmann

Vorerst erfolgte im Frühjahr 1985 auf Grund einer Weisung des damaligen Bautenministers die Planung einer Trassenführung unter Verwendung der B 113 als einer Richtungsfahrbahn. Damit wäre eine Vollautobahn in einem nur leichten Einschnitt quer durch das Siedlungsgebiet verlaufen. Dieser Plan wurde am 17. Juni 1985 in einer Besprechung im Stadtgemeindeamt verworfen, der Rückbau der B 113 beschlossen und eine parallel dazu führende, aber abgesenkte und auf 400 m eingehauste A 9 ins Detailprojekt aufgenommen. Der Regelquerschnitt entsprach dem Typ A 4*, wodurch die Achsen der Fahrbahn um 1,5 m zusammenrückten. Gemeinsam mit der zurückgebauten Bundesstraße ergab dies eine minimale zusätzliche Grundinanspruchnahme. Die Tieflage der Autobahn diente als Lärmschutz. Der Überdeckungsbereich bei der Burgtorsiedlung ver-

***Nordportal des Tunnels Wald,*** *daneben Bundesstraße und ÖBB. Dank der großzügigen Lösung liegt der Ort nun völlig vom Verkehr befreit im Hintergrund. Ein Teil des Tunnels ist als Grünbrücke ausgeführt und liegt am Fuße des Skigebiets.*

bindet nun diese mit der Stadt und stellt eine erhebliche Verbesserung der Lebensqualität für die Anrainer dar.

Umfangreiche Logistik während des Bauablaufes war notwendig, galt es doch den starken Durchzugsverkehr zwischen den provisorischen Autobahnenden und die Anschlüsse der Stadt an ihr Umland jederzeit aufrechtzuerhalten. Die B 113 kreuzt nämlich dreimal die Trasse, führt fast 5 km parallel zur A 9 und besitzt eine Vollanschlussstelle. Die Arbeiten an diesem 5,4 km langen Baulos wurden am 9. November 1987 begonnen und am 3. Juli 1990 beendet.

### Lückenschluss Schoberpass

Baulos TREGLWANG: Vom provisorischen Ende mit Anschluss an die B 113 bei Gaishorn verläuft die Trasse vorerst weiterhin am südlichen Rand des Talbodens (Schattseite). Die Bodenverhältnisse waren gleich ungünstig wie im Triebener Moor, sodass wie schon im Baulos Trieben, der Bau von drei Moorbrücken erfor-

derlich wurde, der Gaishornbrücke 1 (580 m), der Gaishornbrücke 2 (250 m) und der Treglwanger Brücke (617 m).

Nach Querung des Paltentales mit der Anschlussstelle Treglwang steigt die Trasse am Nordhang gleichmäßig bis auf 855 m ü. Adr. Meer an (der niedrigste Ostalpenübergang) und unterfährt dabei die Eisenbahnlinie. Diese Further ÖBB-Brücke war ebenfalls von der PAG zu errichten. Sie kreuzt die Trasse in schrägem Winkel, ist deshalb 150 m lang und musste bei laufendem Bahnbetrieb hergestellt werden.

Knapp nach der Wasserscheide am Baulosende laufen A 9 und B 113 sehr nahe und auf gleichem Niveau nebeneinander, was eine provisorische Überleitung gestattete. Die 10,7 km lange Nordrampe wurde nach einer Bauzeit von knapp drei Jahren am 30. Oktober 1991 für den Verkehr freigegeben.

Baulose KALWANG/MAUTERN und KAMMERN: Von Südosten kommend wurde bei der Anschlussstelle Traboch der Regelquerschnitt um drei Meter reduziert und auf eine Kronenbreite von 24 m verzogen. Die Trasse folgt nun am Südhang dem Liesingtal aufwärts. Da zwischen Deutschfeistritz und Trieben keine Autobahnstation existierte, wurden etwa auf halbem Wege in einer landschaftlich schönen und topographisch günstigen Lage neben einer Betriebsumkehr auch Rastplätze mit Tankstellen und einem Rasthaus vorgesehen.

Bei Leims verengt sich das Tal der Liesing und lässt nur wenig Platz für Bahn, A 9 und B 113. Probebohrungen zeigten, dass enorme Kunstbauten in Form von Ankerwänden notwendig gewesen wären, die einen gewaltigen Eingriff in die Natur bedeutet hätten. So entschloss man sich, die Bahntrasse auf 2,5 km Länge nach Norden abzurücken und die Autobahn auf die Bahntrasse zu verlegen. Dies erforderte für die beiden Verkehrsträger eine Einschnittstiefe von 8 m und ergab trotzdem Einsparungen, weil gleichzeitig der ohnehin geplante Bahnausbau erfolgen konnte. Die vorbildliche Zusammenarbeit mit den ÖBB ergab auch im weiteren Verlauf der parallel geführten Neubaustrecke Synergieeffekte. So mussten weniger Grundflächen in Anspruch genommen werden und bei gleichzeitiger Durchführung konnten die für verschiedene Auftraggeber arbeitenden Firmengruppen auch günstige Angebote legen.

Das Baulos Kalwang/Mautern wurde übrigens, (in der Steiermark erst- und einmalig) nach einem Zu- und Abschlagsverfahren ausgeschrieben. Als weitere Besonderheit wäre auch noch die Verlegung der Liesing samt einem Kleinkraftwerk in Mautern anzuführen. Auch stieß man in der Nähe von Schloss Ehrnau auf archäologische Funde aus der Keltenzeit mit Kupferschmelzöfen auf der Schatt- und den dazu gehörenden Siedlungen auf der Sonnseite, die zu Notgrabungen zwangen. Die Erhaltung einer

unter Denkmalschutz stehenden etwa 1000-jährigen Buche bei Liesingau ist ebenfalls erwähnenswert.

Beim Bau der Brücke K 13, der Unterführung für die B 113 beim Mellingbach, kam es 1990 zu einem fürchterlichen Unfall. Die korrekt beschilderte Umleitung wurde von einem PKW-Lenker trotz guter Verhältnisse übersehen, er folgte der alten Straße und fuhr dann über Holzschwellen bis zu einem auf Schienen bewegten Turmdrehkran, den er umstieß. Der Kranführer wurde aus seiner Kabine geschleudert und starb, der zusammenkrachende Kran zermalmte den PKW samt allen Insassen.

Da die Baulosgrenze nicht mit einer Anschlussstelle zusammenfiel, wurde als Zwischenlösung vorerst nur der 14 km lange Teil bis zur Anschlussstelle Mautern zeitgleich mit der Nordrampe ebenfalls am 30. Oktober 1991 für den Verkehr freigegeben. Zur Entlastung des starken Sommerreiseverkehrs wurden den Firmen die Beschleunigungskosten für eine vorzeitige Freigabe weiterer 6,8 km ersetzt. Ab 5. August 1992 konnte so der Verkehr provisorisch bei Melling nördlich von Kalwang ausgeleitet werden.

Übrigens befindet sich bei der Anschlussstelle Kalwang unmittelbar unter der Trasse eine Autobahnmeisterei. Über den Decken der Garagen für die Räumfahrzeuge, der Werkstätten und Lagerhallen verläuft die Fahrbahn. Wegen der im Winter schwierigen Betreuung des hoch gelegen Schoberpassabschnittes wurde dieser Stützpunkt als Pilotprojekt gebaut.

Alle Freilandstrecken am Schoberpaß weisen einheitlich den so genannten reduzierten Regelquerschnitt A 5 (früher als A 4* bezeichnet) mit einer Kronenbreite von 24,0 m auf.

Schon nach den Inbetriebnahmen vom Oktober 1991 (zusammen 24,7 km) sank die Zahl der

*Entlang der gesamten Gebirgsstrecken* mussten immer wieder Hänge angeschnitten werden, um Platz für die Trasse zu schaffen. Die Sicherung gegen Rutschungen war oft aufwändig wie im abgebildeten Beispiel. Zwischen Spital am Pyhrn und Windischgarsten liegt die 210 m lange Stützmauer Manos, die mit 60 m langen Stahlankern zurückgehängt ist

Unfälle in vergleichbaren Zeiträumen auf genau die Hälfte. Nach dem 5. August 1992, der Freigabe bis Melling, sanken die Zahlen nochmals drastisch, der Beobachtungszeitraum bis zur Tunneleröffnung im Frühjahr war aber für weiterführende Hochrechnungen zu kurz.

Umso aufschlussreicher ist dann die vergleichende Statistik über einen Zeitraum von neun Jahren, nämlich von 1994 bis 2002, wobei die Unfallzahlen auf der Autobahn und der Bundesstraße 113 getrennt erfasst wurden.

Ereigneten sich in den Jahren 1987 bis 1989 im Durchschnitt noch 40 Unfälle mit Personenschaden, darunter jährlich 4 Tote und 25 Schwerverletzte, und war diese Zahl im eingangs erwähnten Schreckensjahr 1990 auf

30 Tote und 56 Schwerverletzte angestiegen, waren nun jährlich nur mehr 1,9 Tote und 35 Verletzte (schwer, unbestimmten Grades und leicht zusammen) zu beklagen (siehe Tabelle):

Streckenabschnitt Treglwang–Traboch
Unfallstatistik

1. 1. 1994–30. 11. 2002 im Durchschnitt p. a.

| auf der | | alle Unfälle | Tote | Verletzte aller Grade |
|---|---|---|---|---|
| A 9 | 35,8 km Freiland | 95 | 0,9 | 19,0 |
| | 3,2 km Tunnel | 6 | 0,2 | 1,2 |
| B 113 | 39,0 km Freiland | 12 | 0,8 | 14,8 |
| | Summe p. a. | 113 | 1,9 | 35,0 |

Während also die Anzahl der Unfälle (wohl auch mit den gestiegenen Frequenzen erklärbar) gestiegen ist, gingen schwere Personenschäden drastisch zurück, was die These, dass Autobahnen etwa vier- bis sechsmal sicherer sind als Bundesstraßen, erhärtet.

Dies stimmte nun glücklicherweise nicht mit den Prophezeiungen überein, die der Verkehrsexperte Univ.-Prof. Dr. Hermann Knoflacher, ein deklarierter Gegner des Ausbaues der Autobahnen, speziell der A 9, noch im Jahre 1986, zum Zeitpunkt des Baubeginns am Lückenschluss, anlässlich einer Tagung im Verkehrsministerium vor Zeugen, nämlich hohen ÖBB-Beamten, von sich gab und dabei speziell den Ausbau des Schoberpasses verteufelte.

Die Diskussion zog sich über die Jahre hin. 1991 veröffentlichte ein Mitarbeiter Knoflachers, Dr. techn. Josef Michael Schopf, unter dem Titel *„Was bedeutet das Schließen von Autobahn-Lücken für die Verkehrssicherheit?"* einen Artikel, in dem er am Beispiel der Pyhrnautobahn die Hypothese Knoflacher *„die Autobahnen leisten keinen Beitrag zur Verkehrssicherheit im*

*Gesamtsystem"*, zu untermauern versucht. Dem entgegnen im gleichen Jahr Univ.-Doz. Dr. Friedrich Zibuschka, u. a. Leiter des Fachbereiches Verkehrsplanung beim Amt der NÖ Landesregierung, und Univ.-Prof. Dr. Peter Cerwenka von der Techn. Universität Wien in Stellungnahmen vehement: *„Eine falsche Hypothese wird auch durch oftmaliges Wiederholen nicht richtig!"*, und liefern dort die Bestätigung für ihre Hypothese: *„Die Autobahnen haben einen Beitrag zur Verkehrssicherheit im Gesamtsystem geleistet."* *

### Das Baulos Wald am Schoberpass

Dieses umfasst neben den beiden Doppeltunneln Wald (2810 m) und Pretallerkogel (446 m) auch die Freilandstrecke im Bereich der Wasserscheide selbst. Es beginnt bei der Unterführung der Bahnstrecke Selzthal – St.Michael (ÖBB-Brücke Fürth) und endet nach dem Pretallerkogeltunnel.

Der Anschlag zu den Tunneln erfolgte am 12. Juli 1990. Diesem waren 18 Jahre Planung vorausgegangen. Im ersten generellen Projekt 1972 wollte man noch auf Tunnel verzichten und plante eine Freilandtrasse, ortsnahe und in Hochlage. Nach Ablehnung durch die Gemeinde wurden in den Folgejahren auch Umfahrungen südlich des Ortes und Tunnellösungen untersucht und wieder verworfen, zum einen wegen Problemen mit den ÖBB, zum anderen wegen der zu erwartenden schlechten Gebirgsverhältnisse. Als erste praktikable Lösung nördlich der B 113 wurde eine Kombination von in offener Bauweise errichteter und bergmännisch vorgetriebener Tunnel erarbeitet, mit einer kurzen Lüftungsöffnung im Bereich des Greimlgrabens und mit einem daran anschließenden Tunnel „Unterwald". Mit der Forderung der Gemeinde nach einem westlichen Anschlagspunkt in Vor-

wald wäre eine Tunnellänge von 4,5 km zustande gekommen, was von der Bundesstraßenverwaltung als unrealistisch, weil gesamtwirtschaftlich nicht vertretbar, abgelehnt wurde.

Inzwischen hatte man auf Grund von Erfahrungen bei Tunneln mit getrennten Richtungsfahrbahnen die Grenzen für effiziente Längslüftungen erhöht. Sie führten zum generellen Projekt 1979, das beim Pretallerkogel eine Richtungsfahrbahn im Tunnel, die andere im Freien mit gerade noch vertretbaren Felsböschungen vorsah.

Im Zuge der Detailprojektierung 1987 und umfangreicher Bodenuntersuchungen wurde erkannt, dass der Mehraufwand bei Anlage beider Richtungsfahrbahnen im Tunnel auch wirtschaftlich zu vertreten war, zum Teil durch eine möglichst lange Ausführung in offener Bauweise, aber auch weil durch während der vergangenen Jahrzehnte gewonnene Erfahrungen und die Ausrüstung der Bieter die Preise pro Tunnelmeter gesunken waren.

Das Referat Tunnelbau der Steiermärkischen Landesregierung konnte bei der Festlegung des Abstandes der Tunnelröhren und den Anlagen im Portalbereich wesentliche Vorstellungen einbringen. So kam es bei der Ausführung lediglich bei den Portalen beider Tunnel zu Rutschungen, weil die Anschlagpunkte an bodenmechanisch und geologisch ungünstigen Stellen lagen. So wurden die Tunnel um einige Meter kürzer als geplant, und im Anschluss an das Nordportal wurde auf eine Abstellspur verzichtet.

Generell durchörtern die beiden Tunnel die Grauwackenzone des zentralalpinen Mesozoikums, eine mit der NATM (new austrian tunneling method) beherrschbare Formation.

Die Gemeinde Wald profitierte von der gewonnenen Fläche auf der Platte über dem in offener

Bauweise errichteten Tunnelstück für ihr unmittelbar angrenzendes Skigebiet. Bezüglich Belüftung, Beleuchtung, Überwachung und Sicherheit wurde der zweiröhrige Tunnel Wald mit je zwei Richtungsfahrbahnen nach dem letzten Stand der Technik ausgerüstet. Für den ebenfalls zweiröhrigen Kurztunnel Pretallerkogel war keine Lüftungsanlage erforderlich.

Nachdem bereits Teile der Freilandstrecke des Bauloses Wald vorzeitig in Betrieb genommen werden konnten, wurde der letzte 7,1 km lange Streckenabschnitt von Wald bis zur provisorischen Abfahrt Melling am 26. Mai 1993 dem Anlass entsprechend feierlich durch den damaligen Bundesminister für wirtschaftliche Angelegenheiten Dr. Wolfgang Schüssel und den Landeshauptmann der Steiermark Dr. Josef Krainer eröffnet.

Es war die letzte Eröffnung, auf deren Einladungen noch das Logo der PAG prangte, rein rechtlich gab es sie an diesem Tage nicht mehr.

Gemäß BGBL. 826/1992 vom 29. Dezember 1992 hatte der Gesetzgeber die Fusionen der Bundesstraßengesellschaften beschlossen. Mit Wirkung vom 1. Januar 1993 verschmolz die PAG mit der ASAG, der TAAG und der WBG zur ÖSAG und verlor damit nach fast auf den Tag genau 21 Jahren ihre Eigenständigkeit. Die letzte Hauptversammlung der PAG über den Jahresabschluss 1992 hatte übrigens bereits am 29. März 1993 stattgefunden. Im Anschluss daran gab es noch eine Geistersitzung der alten PAG, die 131. Aufsichtsratssitzung, wobei sich später herausstellen sollte, dass eigentlich die 130. Sitzung am gleichen Tage, die den Jahresabschluss 1992 behandelt hatte, die letzte war.

Da als Ende der Übergangsfristen im Fahrplan der 31. März 1993 feststand, wirkt die Verwendung des Logos danach wohl etwas makaber.

Der Aktionär Steiermark hatte vorerst rechtliche Bedenken gegen die Fusion angemeldet. Verständlich, denn in der größeren Gesellschaft würde der Aktienanteil und damit der Einfluss von vormals 31,8 % auf vermutlich gegen 10 % sinken. Da aber mit dem Lückenschluss am Schoberpass die dringlichsten Anliegen der Steiermark erfüllt waren, dürfte nach Aktenlage die Angelegenheit nicht weiter verfolgt worden sein.

Und auch die Betriebsräte waren von der Zusammenlegung nicht begeistert. Sie fürchteten den Verlust von Arbeitsplätzen durch Rationalisierungsmaßnahmen. Dies war dann nur in geringerem Umfang der Fall. Durch die größere Zahl wurden die Mitarbeiter aller Straßensondergesellschaften kollektivvertragsfähig, was auch seine Vorteile brachte.

So ging gleichzeitig mit der Eröffnung des Schoberpassabschnittes der A 9 ein Kapitel Geschichte der Sondergesellschaften des Bundes zu Ende. Die Mitarbeiter waren stolz auf die Firma und ihre Leistungen gewesen, trotz der umstrittenen Handlungen einer Einzelperson. Zur „Corporate Identity" trug nicht nur die vom Bund abweichende Lackierung der Straßendienstfahrzeuge in Zinkgelb, RAL 1018, bei, sondern auch so Kleinigkeiten wie die dunkelblauen Blazer der Mautner mit dem Pyhrn-Emblem und dazu passender Krawatte oder die von Frau Lisl Regschek entworfenen seidenen Halstücher der Mautnerinnen mit vom Winde verblasenen Logos.

---

* Siehe Literaturverzeichnis

## 11
## Ein später Beginn –
## vom Voralpenkreuz
## in den Süden

*Gleinalm- und Bosrucktunnel
waren schon lange eröffnet, die
Pyhrn Autobahn führte von Süden
kommend bereits bis Windischgarsten, das deutsche Autobahnnetz hatte Passau erreicht, und
auch im Innkreis entstand gerade
die A 8. Nur beim Ausgangspunkt
der A 9, dem km 0,00 bei Sattledt,
spießte es sich. Dort begann der
oberösterreichische Ho-Chi-Minh-
Pfad.*

**Tunnelkette Wartberg in Bau.** *Die
Röhren werden nach Fertigstellung
eingeschüttet, die Oberfläche wird wieder
landwirtschaftlich genützt.*

Fuhr man im Jahre 1986 mit dem eigenen PKW
von der Steiermark nach Linz (und das musste
man wohl, wenn man Termine wahrzunehmen
hatte, denn durchgehende Bahnverbindungen
waren damals wie heute selten und langsam),
hörte das ohnehin zweifelhafte Vergnügen nach
der provisorischen Abfahrt Windischgarsten auf,
und das Kurbeln begann. Es ist eine anregende,
landschaftlich schöne Strecke, man folgt dem
idyllischen Klauser Stausee und kann bei gutem
Wetter auch einen Blick auf die grandiosen Ber-
ge rund um das Teichl- und Steyrtal erhaschen.
Nach Schön stockt der Verkehr immer wieder.
Die in den siebziger Jahren angelegte Umfahrung der vordem mitten durch Micheldorf geführten B 138 verdiente diese Bezeichnung
längst nicht mehr. Sie wurde anfänglich zöger-
lich, im Laufe der Jahre dann umso schneller
von einer Durchzugsstraße zur Hauptentwick-
lungsachse für das Gewerbegebiet des oberen
Kremstales umfunktioniert. Ein österreichweit
sattsam bekanntes Phänomen.

Da wird aus Bundesmitteln für die vom Durchzugsverkehr geplagte Gemeinde eine Bundes-
straßenumfahrung gebaut. Als Dank und um
sich einen Teil der Aufschließungskosten für
Gewerbegebiete zu ersparen, wird fleißig umge-
widmet. Entlang der Umfahrung folgt nun Rei-
fenhändler auf Autoschauraum, Tankstelle auf
Supermarkt, Baumarkt auf Factory-outlet, Dis-
konter auf Reparaturwerkstätte ... – eine endlose
Kette. Geschwindigkeitsbeschränkungen folgen
Überholverboten, Radarfallen folgen Abbie-
gespuren, ampelgeregelte Kreuzungen folgen
Kreisverkehren – und wenn nichts mehr geht,
erschallt der Ruf nach einer Autobahn, deren
Bau man jahrelang verhindert hat!

Das waren bloß so Gedanken, wenn man durch Micheldorf und Kirchdorf an der Krems fuhr, man soll sich beim Autofahren eben in Geduld üben. Hatte man aber einmal dieses Nadelöhr bei Galgenau verlassen und nach Inzersdorf über die 12-%-Steigung den Dornleitenberg erklommen, fing das Kurbeln erst richtig an.

Die steirischen Berufsfahrer nannten die Straße in diesem Bereich den Ho-Chi-Minh-Pfad, ein sehr treffender Vergleich mit dem versteckt durch den Dschungel führenden Versorgungsweg der Nordvietnamesen in ihrem Kampf gegen den Süden und die USA. Erst nach Einsatz der Chemie zur Entlaubung wurde der gewundene Pfad sichtbar.

Man glaubte, dass der gewundene Weg entlang der Hügel über dem Kremstal keinen Weiler ausließ und es keinen Stadel und keinen Birnbaum gab, den man nicht in einer scharfen 90-Grad-Kurve umrunden musste. Ortstafeln wie Dörfling, Schachadorf, Hiersdorf, Voitsdorf, Wiesmühle, Großendorf, Maisdorf sind ins Gedächtnis eingebrannt. Erschöpft hieß man dann die ersten Häuser von Sattledt willkommen, denn von dort war es nicht mehr weit auf die Westautobahn.

Dabei war der Knoten von zwei Autobahnen an der Stelle des heutigen Voralpenkreuzes einer der wenigen Fixpunkte der Planungen im Jahre 1939. Sogar eine Brücke des Knotens, das Objekt W 21, stammt noch aus jener Zeit. Es bestimmte in seiner Lage, Höhe und Richtung mit km 0,00 den Beginn der Pyhrnautobahn.

Einer Vorstudie im Jahre 1968 folgte das erste generelle Projekt in Oberösterreich von Sattledt bis Klaus, verfasst vom Büro Dr. techn. Sartorius aus Linz, das im Jahre 1970 vorgelegt wurde.

Am 2. August 1978 verordnete das Bundesministerium für Bauten und Technik den Stra-

ßenverlauf der A 9 Pyhrnautobahn von km 0,0 bis km 28,5 (Sattledt bis Klaus/Gemeindegrenze Molln). Dieser Verordnung waren schon jahrelange Verhandlungen, Abänderungen und Variantenstudien vorangegangen, die im Archiv der Oberösterreichischen Straßenbauverwaltung in der Autobahnmeisterei Wels ganze Hochregale füllen. So hatte z. B. der damalige Sektionschef Raschauer den Abschnitt von km 21,8 bis 26,13 (das ist der Bereich der Umfahrung Kirchdorf–Micheldorf) bereits 1972 zur weiteren Bearbeitung zurückstellen lassen, offenbar wegen vorliegender Einwände.

Nach der § 4-Verordnung wurden bis zum Jahre 1982 für den Bereich Sattledt–Inzersdorf mit Anschlussstelle Kirchdorf (km 19,975) sechs Detailprojekte verfasst, die von fünf verschiedenen Ingenieurbüros stammten. Das Voralpenkreuz selbst konzipierte Prof. Rudelstorfer aus Innsbruck, die Büros Eggenfellner, Breinesberger, Dorfwirth und Illetschko erarbeiteten jeweils Abschnitte von 3 bis 5 km.

Nach Abschluss dieser Arbeiten beauftragte das Ministerium den o. Univ.-Prof. an der TU Wien Dr. Josef Dorfwirth im August 1982 mit der Ausarbeitung eines neuen generellen Projekts im Hinblick auf mögliche Einsparungen und unter möglicher Berücksichtigung der Einwände einer Bürgerinitiative mit Schwergewicht in der Gemeinde Inzersdorf im Kremstal. Diese war freilich zu keinem Kompromiss bereit.

Wortführer war der Wartberger Gemeinderat Gernot Brandlmaier, der mit seiner „Plattform gegen den Bau der Pyhrnautobahn" sogar eine eigene Zeitung, „die kehre" herausgab und 1987 zum letzten Gefecht aufrief: „Wenn Voitsdorf gebaut wird, haben wir die Schlacht verloren". Unterstützung erhielt Brandlmaier dabei pikanterweise von einem Kollegen Dorfwirths an der TU Wien, Prof. Dr. Hermann Knoflacher. *

*Beim Voralpenkreuz* zweigen die A 8 (Innkreisautobahn) und die A 9 (Pyhrnautobahn) von der A 1 (Westautobahn) mit einer derzeit in Bau befindlichen großzügigen Linienführung ab. Dabei weisen die Rampen für die Hauptrelationen besonders große Kurvenradien auf. Km 0,0 von A 8 und A 9 sind dabei identisch und liegen auf einer Ebene.

Ein weiterer profilierter Mitstreiter und Gegner des Autobahnbaues war der Landwirt Heikenwälder. Schon bei der Grundeinlöseverhandlung im Gemeindeamt Schlierbach war er an einer Störaktion beteiligt, wobei sämtliche Akten, Taschen und Projektsunterlagen von den Tischen gefegt wurden und die Kommission von der Gendarmerie geschützt werden musste.

Nach dem Baubeginn bei Voitsdorf musste die Baustelle mit einem Zaun gegen Demonstranten geschützt werden. Bei der Baustelle zur Unterflurtrasse wachte eine Zeit lang sogar eine Sondereinheit mit Hunden. Klaus Wandschneider als Projektleiter war von der PAG auch zum Ombudsmann bestellt worden. So hatte er sich nicht nur um die Sorgen der Anrainer und die grundsätzlichen Probleme der Gemeinden zu kümmern, sondern musste auch für die Staatspolizei rund um die Uhr erreichbar sein und bei Bedarf sofort nach Voitsdorf eilen. Auf einer solchen Expressfahrt wurde er einmal von einem von ihm selbst installierten Radarauge erwischt. Die Exekutive kannte jedoch keine

Gnade (was den Autor befriedigt, da auch er selbst im Laufe der Jahre von allen auf der A 9 installierten Kästen je einmal geblitzt wurde, obwohl er deren Lage genau kannte).

Im weiteren Bauverlauf gab es noch wiederholt Demonstrationen, beispielsweise als eine Brückenbaustelle besetzt wurde und eine Sondereinheit der KOBRA einen Demonstranten vom Kranausleger holen musste. Die aus ganz Österreich (selbstverständlich im eigenen PKW) angereisten ÖKO-Bewegten parkten ihre Autos entweder versteckt in sicherer Entfernung im Wald oder im Obstgarten eines Bauern, jedenfalls auf Privatgrund, während sich die dort Beschäftigten peinlich genau an die Vorschriften hielten. Als Dokumentation für allfällige Besitzstörungsklagen fotografierte die Gendarmerie die Fahrzeuge, sodass anhand der Fahrzeugnummern das Verhalten der „Umweltschützer", darunter prominente Personen, belegt ist.

Heikenwälder selbst, ein Biobauer, der spezielle Käse erzeugte, brachte im Zwiegespräch durchaus Verständnis für die Standpunkte der Verkehrsplaner auf und anerkannte deren Bemühungen auf der Suche nach der umweltverträglichsten Lösung. Schließlich mussten auch seine verderblichen Produkte schnell über Autobahnen zu den Märkten befördert werden. Nach seiner ehrenwerten Auffassung würde die Autobahn die guten Ertragsergebnisse und die finanzielle Basis für seine Bioprodukte zerstören. Er aktivierte für seine Anliegen aber die Falschen, nämlich Randalierer und Berufsprotestierer. Nach seinem Scheitern, die A 9 aufzuhalten, zog er die Konsequenzen und wanderte mit seiner Familie nach Kanada aus. Letztlich geht aber auf seinen Einsatz vor Ort und auf seinen Marsch mit einer Kuh nach Linz vors Landhaus die Einplanung der Unterflurtrasse Ottsdorf (seiner Ortschaft) zurück.

Die Grundlagen der „Sparvariante" (Anführungszeichen von Dorfwirth) bestanden im Wesentlichen aus der Verringerung der Kronenbreite von 27,0 m auf 24,0 m und der Berücksichtigung der StVO-Novelle 1975, die die Höchstgeschwindigkeit auf Autobahnen mit 130 km/h begrenzt. Die bisherige Entwurfsgeschwindigkeit hatte 140 km/h betragen. Dadurch konnten die minimalen Kurvenradien auf 1000 m gesenkt werden, was aber auf den Bereich Sattledt–Klaus keinen Einfluss hatte, weil dort die Trasse durch eine offene Tallandschaft führt.

Die Schwierigkeiten bestanden hier in der Inanspruchnahme und der Durchtrennung wertvoller landwirtschaftlicher Flächen. Es gelang, dem etwas entgegenzuwirken. Drei auch bodenmechanisch problematische, insgesamt 985 m lange Einschnitte wurden eingewölbt, überdeckt und wieder der agrarischen Nutzung zugeführt. Bei unveränderter Linienführung konnten also durch die Reduzierung auf eine Kronenbreite auf 24,0 m ca. 12 % der Herstellungskosten und der Grundinanspruchnahmen eingespart werden.

Der neue Regelquerschnitt erhielt im Gutachten die Bezeichnung A 4* und entspricht mit geringen Korrekturen praktisch dem heute gebräuchlichen A 5. Für den Benutzer hat sich die Fahrstreifenbreite kaum merklich von 3,75 m auf 3,50 m verringert. Der Pannenstreifen ist mit 2,90 m bemessen. Auf die Nachteile soll an dieser Stelle aber hingewiesen werden: Es kommt im Falle von größeren Instandsetzungsarbeiten bei Umleitung auf eine Richtungsfahrbahn zu Gegenverkehrsbereichen mit vier verschieden breiten Fahrspuren. Das Überholen eines LKW wird zur Nervensache. Jeder Frontalzusammenstoß legt den Verkehr auf Stunden lahm. Stellt man Betonleitwände auf, bleibt faktisch nur eine breite LKW- oder Busfahrspur frei, ein Überholverbot wird notwendig, und die Kolonnenbildung ist programmiert.

Die maximale Steigung wurde bis Micheldorf mit 2,7 %, von dort durch den gebirgigen Teil bis Windischgarsten mit 3,6 % festgelegt, um den Anstieg von rund 280 m zu bewältigen.

Österreich ist vor Jahren dem Übereinkommen über die Hauptstraßen des internationalen Verkehrs (AGR) beigetreten. Die Pyhrn Autobahn als Teil der E 57 erfüllt auch in den Abmessungen des neuen Regelquerschnittes die Minimalbedingungen dieses Abkommens.

Weitere Einsparmöglichkeiten sah das Projekt in der Reduzierung der benötigten Flächen für Anschlussstellen, Parkplätze und Betriebsumkehren. Dorfwirth weist in seinem technischen Bericht gesondert darauf hin, dass durch diese Änderungen allein bei der Anschlussstelle Voitsdorf die Einlösung von drei Wohnhäusern vermieden werden könnte, eine sehr humane Betrachtungsweise, wenn man bedenkt, wie bedrückend es selbst bei finanzieller Abgeltung sein kann, womöglich das Geburts- und Elternhaus verlassen zu müssen.

Weiteres ausdrückliches Ziel des Auftrages war es, mit Hilfe der Einsparungen den Straßenzug Innkreis- und Pyhrn Autobahn möglichst rasch schließen zu können. Das neue „Generelle Projekt Dorfwirth" lag im Juli 1983 vor.

Unter Bautenminister Sekanina war die „Sparautobahn" initiiert worden. Sekanina ging und Übleis kam. Dorfwirth starb, Walter Pejrimovsky trat seine Nachfolge als Generalplaner an.

Es fehlte jetzt noch die Finanzierung, für die nun Minister Übleis sorgen musste.

Nach der Novelle vom 26. September 1985 hatte die ASFINAG die Mittel bereitzustellen, die Pyhrnautobahn AG wurde u. a. mit der Planung und Ausführung der Strecke von Sattledt bis Kirchdorf beauftragt.

Endlich konnte nach Vorbereitung der Ausschreibungen mit dem Bau des 15,8 km langen Abschnitts von Sattledt bis Inzersdorf am 3. Oktober 1986 begonnen werden. Da waren schon 18 Jahre seit dem Beginn der Arbeiten am ersten generellen Projekt vergangen.

Die Verkehrsfreigabe Sattledt–Inzersdorf erfolgte am 27. Juni 1990. Der Ho-Chi-Minh-Pfad geriet schnell in Vergessenheit. Auf die Fertigstellung der restlichen 5 km bis Micheldorf samt Umfahrung Kirchdorf warten wir noch heute, doch das ist wieder eine andere Geschichte.

Es wäre nach all diesen Verzögerungen ein Wunder gewesen, hätte es nicht im Nachhinein noch Aufregung gegeben. Bei der Abrechnung der Erdbaulose kam es zu Gerichtsverfahren, die zur Rückzahlung von zu Unrecht verrechneten Leistungen führten und auch für gehöriges Rauschen im Blätterwald (nicht des Dschungels!) sorgten.

Sämtliche in die Untersuchungen einbezogenen und beschuldigten Landesbeamten wurden vom Gericht freigesprochen. Dies war den Medien dann jedoch kaum eine Notiz wert.

*Die eingeschütteten Überdeckungen*
*Wartberg II und III*

* Siehe Literaturverzeichnis

HOCHBAU  ·  TIEFBAU

## 12
## Wieder ein Stück weiter –
## der Lainbergtunnel

*Vom 17. Dezember 1985 bis*
*8. November 1997, also praktisch*
*12 Jahre lang, endete die Auto-*
*bahn, kam man von Süden, abrupt*
*bei der Anschlussstelle Windisch-*
*garsten mit einer scharfen proviso-*
*rischen Ausfahrt und der nach-*
*rangigen Einbindung in die B 138*
*beim Bahnhof Roßleithen.*

Und ließ man das Fahrzeug nur ausrollen, statt eine Schnellbremsung einzuleiten, war man schon Opfer des unauffälligen grauen Kastens am linken Fahrbahnrand geworden. Eine nicht nachvollziehbare Logik der Verkehrsüberwachung, denn man hatte ohnehin keine andere Wahl, als die Fahrt dort zu verlangsamen und die Ausfahrtsrampe zu benützen. Die Autobahn endete über ein Jahrzehnt im Nichts. Was war der Grund?

### Die Planungen

Im ersten „Generellen Projekt Sartorius 1970" waren zwischen Sattledt und Spital am Pyhrn erst zwei Tunnel vorgesehen, einer durch den Hungerbichl, der andere rund um Klaus/ Pyhrnbahn herum. Diese Linie wurde als Amtsstrasse bezeichnet und folgte ab Klaus, im V-Tal der Steyr flussaufwärts an den Hängen gelegen, ungefähr dem Verlauf der Eisenbahnli-nie. Ab dem Bahnhof Hinterstoder folgte sie weiter ohne Tunnel dem noch engeren Tal der Teichl bis zur Anschlussstelle Windischgarsten. Bei der Detailbearbeitung zeigte es sich, dass stellenweise nur Skizzen im Schichtenplan 1: 20.000 zur Verfügung standen, welche sehr freihändig gezogen waren. Es mussten nun in

**Blick in Richtung Lainbergtunnel-Südportal.** *Im Vordergrund erkennt man den in offener Bauweise hergestellten Kurztunnel Roßleithen, über den eine Hilfsbrücke für die Bahnlinie führt. Unmittelbar vor dem Kurztunnel liegt eine Brücke über einem Mäander der Teichl. Zwischen den beiden Tunneln liegen die zwei Brücken über Fischbach und Teichl. Die Bahn kreuzt dann nochmals unmittelbar über dem Portal zum Lainbergtunnel.*

diesen Bereichen Varianten ausgearbeitet werden, die die Richtlinien der Autobahnplanung, insbesondere Mindesthalbmesser für horizontale Krümmungen und maximale Steigungen, berücksichtigten.

So untersuchte Rudelstorfer 1975 die Trasse von km 24,10 bis 48,60 näher und kam zu dem Ergebnis, dass es ohne weitere Tunnel nicht gehen wird. Er schlug fünf Varianten vor. Diese und deren Kombinationen hier zu beschreiben, würde zu weit führen.

Fest steht, dass im zusammenfassenden Schlussbericht vom 10. Mai 1975 auch ein Tunnel „8" mit einem einseitigen Längsgefälle von 1,0 % aufscheint, der nach einer Brücke über den Schalchgraben (gegenüber dem Bahnhof St. Pankraz) in einer Länge von 1480 m als „Hangnasentunnel" geführt wird. Mit einer 255 m langen Brücke über den Pießlingbach bindet die Variante Nr. 3 wieder in die Amtsstrasse ein. Dieser Tunnel „8" war also der Urahne des Lainbergtunnels.

Bis 1982 war jedoch der Trassenverlauf im Bereich der Gemeinden St. Pankraz und Roßleithen von km 36,45 (nach der Halbanschlussstelle Hinterstoder-Nord) bis km 46,80 (Teichlbach vor Anschlussstelle Windischgarsten) noch nicht genehmigt.

Ein neues „Generelles Projekt Rudelstorfer 1978" wurde über Auftrag der Oö. Landesregierung auf Grund von Bürgerinitiativen für diesen Bereich ausgearbeitet, mit einem nun bereits rund 1700 m langen Lainbergtunnel. 1982 wurde vom gleichen Verfasser eine Umweltverträglichkeitsprüfung für die Varianten im Abschnitt St. Pankraz–Roßleithen durchgeführt.

Ein weiteres „Generelles Projekt Dorfwirth" vom Juli 1983 sollte u. a. neben der Suche nach Einsparmöglichkeiten auch die Einwände einer Bürgerinitiative St. Pankraz berücksichtigen. Es kam vorerst zu keiner Annäherung der Standpunkte.

Schließlich wurde am 27. September 1985 der PAG die Planung für den gesamten Abschnitt Kirchdorf/Krems–Windischgarsten übertragen,

in welchem auch der Lainbergtunnel liegt. Die § 4-Verordnung, die den Trassenverlauf im Bereich der Gemeinden St. Pankraz und Roßleithen (in diesem Kapitel behandelt) festlegte, wurde am 27. März 1987 im Bundesgesetzblatt veröffentlicht.

Konsequenterweise beantragte die PAG 1992 auch die Übertragung zur Errichtung des rund 8 km langen Teilabschnittes Lainberg-Nord (km 39,0) bis Anschlussstelle Roßleithen (km 47,0). Der Auftrag erging am 14. April 1993 noch an die PAG, die aber bereits seit dem 1. Januar als eigenständige Gesellschaft erloschen und in der ÖSAG aufgegangen war.

### Die Ausführung

Im Detailprojekt war der Tunnel nun schon 2278 m lang. Zur Vorerkundung des Gebirges für den Lainbergtunnel wurde noch 1993 ein Sondierstollen von Süden her ausgeschrieben und mit einer Länge von 500 m vergeben. Damit folgte man einer Empfehlung der Geologen, denen die Länge auch für ausreichend erschien. Es wurde zwar hauptsächlich mit Dolomitgestein gerechnet, aber im Südteil, wo auch das Tunnelportal unmittelbar unter der ÖBB-Strecke Linz–Selzthal liegt, wollte man das befürchtete Vorhandensein starker Klüfte und Störungen durch Haselgebirge (Anhydrit-gipshältig) abklären. Der Sondierstollen wurde bis zum Drittelpunkt vorgetrieben und mit einem Querschlag zum Haupttunnel versehen. Gemeinsam mit einem gleich langen, von Norden vorgetriebenen Stollen bilden beide ein Fluchtsystem im Falle von Unfällen.

Das Nordportal des Lainbergtunnels war nach Errichtung eines in offener Bauweise hergestellten 237 m langen einröhrigen Kurztunnels von der vorbeiführenden Bundesstraße leicht erreichbar, und so erfolgte der größere Teil des Vollausbruches auch von dort aus.

*Die elegante Bogenbrücke* über die Teichl ist unmittelbar dem Südportal des Lainbergtunnels vorgelagert. Mit einer Spannweite von 90 m passt sie sich in landschaftlicher Harmonie dem Bogen der daneben liegenden etwa 100 Jahre älteren Bahnbrücke an.

Ein Problem stellte die Zufahrt zum Tunnelportal und zu den Brückenbaustellen von der Südseite dar. Die stark mäandrierende Teichl gleicht von Roßleithen abwärts einem Gebirgsbach. Zusammen mit dem Rettenbach hat sie in die Landschaft bizarre Formen eingefräst, Schluchten und Täler geschaffen. In dieser Umgebung mussten insgesamt acht Großbrücken geschlagen werden. Eine enge Zufahrt zum Stollenanschlag und eine durchgehende Baustraße mit einer Anzahl von Hilfsbrücken waren als Teil eines Bauloses vorab herzustellen, bevor man schrittweise die Brücken errichten konnte. Sechsmal wird die Teichl, je einmal Pießling und Rettenbach auf nur etwa fünf Autobahnkilometer gequert. Außer einer Brücke haben alle anderen zwei Tragwerke, sind einzeln bis zu 231 m und zusammen 1674 m lang. Sie queren den Graben meist in schrägem Winkel, entsprechend schräg wurden auch die Widerlager gestaltet, um den Fluss nicht einzuengen. Die längste, die Rettenbachbrücke PY 69, überspannt dabei gleich dreimal den an dieser Stelle stark mäandrierenden Bach. Vielfältig waren auch die Gründungsprobleme der Brücken. So waren etwa bei der Teichlbrücke PY 71 wegen des schluffigen Materials aufwändige Tiefgründungen nötig.

Eine Besonderheit stellt die unmittelbar dem Südportal des Lainbergtunnels folgende Teichlbrücke P 68 dar. Es handelt sich um eine Bogenbrücke mit einer Spannweite von 90 m. Das eine Tragwerk wird im Gegenverkehr befahren, die Aufweitung auf getrennte Richtungsfahrbahnen folgt erst unmittelbar danach.

Wie schon erwähnt, quert die ÖBB-Strecke, die den größten Teil des Teichlgrabens parallel zur Autobahn verläuft, die Trasse unmittelbar vor dem Südportal des Lainbergtunnels mit einer klassisch-eleganten stählernen Bogenbrücke.

Daher wurde mit großem planerischen Geschick und technischem Aufwand die Autobahn ebenfalls auf einem Bogen über den Fluss geführt, was dem Ensemble ein ästhetisches Ambiente verleiht. Leider kann der Lenker den Anblick kaum auf sich wirken lassen, muss er sich doch auf die Zusammenführung in den Gegenverkehrsbereich im Tunnel konzentrieren.

Die zweite Querung der ÖBB wurde über dem in offener Bauweise errichteten 247 m langen Kurztunnel PY 70 verlegt. Während des Baues und bis zum Einschütten der beiden Röhren wurde der Bahnverkehr über eine Hilfsbrücke aufrechterhalten.

Im Laufe des Jahres 1987 war der Widerstand gegen den Bau der Autobahn bei Inzersdorf und Wartberg zusammengebrochen. Sie wurde bis 1990 Realität (siehe Kapitel 11). Mit den Bauvorbereitungen für den Lainbergtunnel begann sich der Widerstand gegen den Fertigbau der A 9 neu zu formieren. Es waren die gleichen Protagonisten, die auftraten, unterstützt auch von aus der Bundesrepublik Deutschland mit PKW angereisten Berufsdemonstrierern. Sie hatten nur ein Problem: die Baustellen waren im Teichlgraben versteckt und nur schwer zugänglich, spektakuläre Aktionen, die von Journalisten verfolgt und von Fernsehteams vor der Kulisse zahlreicher Schaulustiger dokumentiert werden konnten, schwierig zu veranstalten. Man wollte gegen die Verschandelung des Teichlgrabens protestieren.

Die Topographie kam aber den Bauausführenden zugute: Man begann im unübersichtlichen Graben der Teichl und des Rettenbaches gleichzeitig an drei Stellen zu arbeiten und konnte die Baustellen über wechselnde Zugangswege versorgen, während sich die Demonstranten vorm Südportal in gewohnter Manier an Baumaschinen ketteten. Die Bezirkshauptmannschaft erließ einen Bescheid, worauf die Gendarmerie die abgelegene Baustelle problemlos räumen konnte.

Nach zwei Jahren intensiver Vorbereitung konnte endlich am 6. Juni 1995 der Anschlag zum Vollausbruch des Lainbergtunnels vorgenommen werden. Damit waren die Arbeiten am ganzen mit Anbindungen 8,5 km langen Abschnitt voll im Gange. Es wurde vorerst nur die Weströhre des Lainbergtunnels ausgebaut. Die NATM (Neue Österreichische Tunnelbauweise) wurde angewandt.

Für die Längslüftung des im Gegenverkehr betriebenen Tunnels sorgen an der Ulme aufgehängte Ventilatoren. Die andere Ausrüstung entspricht dem üblichen österreichischen Standard. Die Videoüberwachung und Systemsteuerung erfolgen von der Warte in der Autobahnmeisterei Ardning aus.

Der ganze Abschnitt konnte am 8. November 1997, rechtzeitig vor Einbruch des Winters, für den Verkehr freigegeben werden. Damit entfiel die von Kraftfahrern gefürchtete Waldner Höhe auf der B 138, vor der LKW oft die Ketten anlegen mussten und der Verkehr wegen hängen gebliebener Fahrzeuge zum Stillstand kam.

Die Finanzierung konnte bereits aus dem Verkauf der Vignette erfolgen.

# 13
## Das große Finale – die Tunnelkette Klaus

*Man kann es drehen und wenden, wie man will, eine Abfolge von zehn Autobahntunneln mit einer Streckenlänge von 9168 m zu bauen (zählt man zweite Röhren, Fluchtstollen und Querschläge hinzu, sind es über 16 km Tunnel!), stellt allein schon eine Herausforderung dar.*

*Dazu kommen noch zwei Vollanschlussstellen in einer äußerst sensiblen, wildromantischen Flusslandschaft. Und das ballt sich alles auf einem lediglich 13,5 km langen Straßenstück zusammen. 68 % der Strecke liegen unter Tag. Für den planenden wie für den ausführenden Ingenieur ist eine solche Aufgabe oft auch Krönung seiner Berufslaufbahn.*

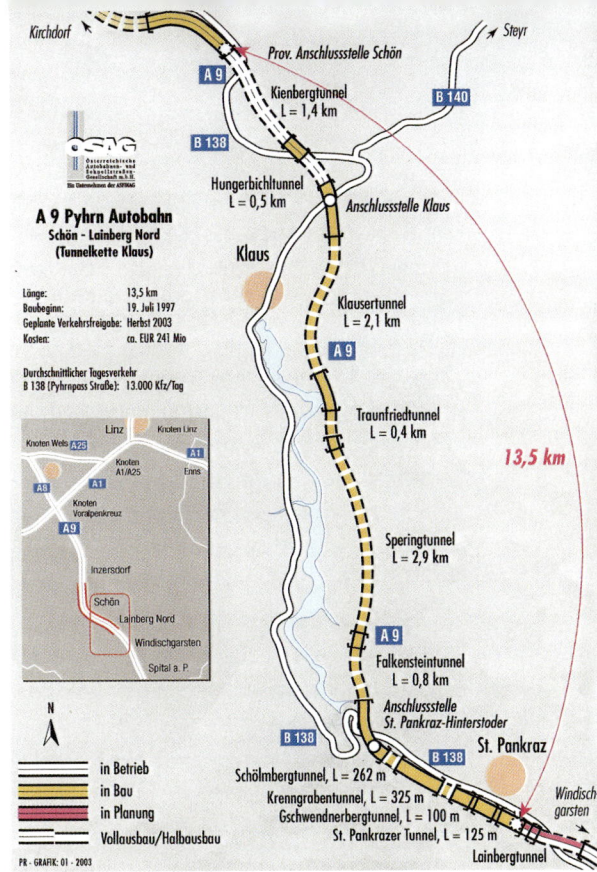

**Der 13,5 km lange Abschnitt** von der provisorischen Anschlussstelle Schön bis Lainberg-Nord

Im vorigen Kapitel wurde von der Suche nach einer ausführbaren und mit den Vorstellungen der Anrainer kompatiblen Trasse im Gemeindegebiet von St. Pankraz berichtet, die zum Bau des Lainbergtunnels führte. Über den Planungsabschnitt Schön–Lainberg-Nord wurden nach Angaben der ÖSAG, schon nachdem die Trasse feststand, nochmals acht Varianten untersucht – vom Halb- über den stufenweisen bis zum Vollausbau.

### Vorgeschichte und Planung

Im Bereich Klaus–Anschlussstelle Hinterstoder war schon im ersten „Generellen Projekt Sartorius" vom Juli 1970 der Hungerbichltunnel mit zwei parallelen Röhren in beiden Varianten vor-

gesehen. Die Längen schwankten zwischen 515 und 625 m, je nach gewähltem Bogenradius. Nach Querung der Steyr mit einem 450 m langen und bis 45 m hohen Talübergang folgte der ebenfalls zweiröhrige Klausertunnel, einmal bis 605 m, als Nasentunnel 190 bzw. 310 m lang. Dann ging es ohne Tunnel weiter bis zum Lainberg. In den fünf Varianten der Untersuchung KLAUS von Prof. Rudelstorfer 1975 wird der Klausertunnel als Nr. 4 „Dorfer Berg" geführt und ist 1500 m lang, gefolgt von Nr. 5 „Traunfried" mit 450 m. Der längste, mit 5300 m ausgewiesene Tunnel trägt die Nr. 7 und durchörtert den 1124 m hohen Brandriegel. Als längste Untertagstrecke beinhaltete die Variante 3 drei Tunnel mit insgesamt 7120 m Länge und wies als Nr. 2 den 5200 m langen Gamskogeltunnel als Primus aus. Entscheidende Änderungen in der Linienführung sind dann dem 1983 fertig gestellten „Generellen Projekt Dorfwirth" zu entnehmen, in welchem erstmals ein Falkensteintunnel eingeplant ist. Nach dem Tod von Prof. Dorfwirth führte das Büro Pejrimovsky die Detailplanungen weiter.

Es handelt sich im Bereich Klaus–St. Pankraz um eine landschaftlich einmalige Region, die an den Nationalpark Kalkalpen grenzt und in welcher der Planer unter größtmöglicher Schonung von Ökologie, Waldbestand und Erhaltung des Landschaftsbildes vorzugehen hatte. So musste ein Großteil der Trasse unter der Erde verschwinden.

Das Herzstück dieses Abschnitts, die Strecke zwischen der provisorischen Anschlussstelle Schön (Nordportal Kienberg-Tunnel) und der Anschlussstelle Hinterstoder/St. Pankraz, ist ziemlich genau 10 km lang, davon liegen 81,7 % in Tunneln, ein Verhältnis, das in den Alpen selbst von der technisch doch sehr anspruchsvollen Autobahn durch das Kanaltal von Pontebba die Fella abwärts bis zur Mündung in den Tagliamento nicht erreicht wird.

Mächtige Gletscher ließen in geologisch jüngerer Zeit durch Tiefenschurf die heutigen Talformen entstehen. Canyonartige Einschnitte reihen sich an schroffe Schluchten. Die Tunnel durchörtern nach Durchfahren postglazialer Schutt- und Bergsturzmassen die nördlichen Kalkalpen. Hier sind sie jedoch nicht gleichmäßig geschichtet. Die gleich alten und gleichartigen Ablagerungen ehemaliger Meere erfuhren Überschiebungen und Auffaltungen, Störungen und Klüfte. Wasserströme sanken tief in den Untergrund ein. Sie dienen teilweise der Wasserversorgung der Gemeinden Klaus und Micheldorf, was aufwändige Gewässerschutzmaßnahmen

notwendig machte, um die Oberflächengewässer von den Bergwässern zu trennen. So gleicht kein Tunnel dem anderen.

Bei vier Tunneln wurden Sondierstollen vorgesehen, um zunächst die geologischen Gegebenheiten zu erkunden. Sie sollten den Tunnelbauern genaue Informationen über die beim Vollausbruch zu erwartenden Schwierigkeiten liefern. Diese Erkundungsstollen, über Querschläge mit dem Haupttunnel verbunden, sollen bis zum Bau der jeweils zweiten (Ost-)Röhren auch als Fluchtstollen dienen. Lediglich Kienberg und Hungerbichl wurden letztendlich mit zwei Röhren durchörtert.

Mit mehreren Verordnungen wurde der Streckenverlauf schrittweise festgelegt, was auf eine langwierige Entscheidungsfindung schließen lässt (siehe auch die Chronologie), bis im Jahre 1993 der Antrag zur Verordnung der Trasse für den Abschnitt Klaus–Schön gem. § 4 Bundesstraßengesetz gestellt werden konnte.

1994 wurde die „Tunnelkette Klaus", das 13,5 km lange Teilstück von Schön bis zum Nordportal des Lainbergtunnels, der ÖSAG zur Planung und Bauvorbereitung übertragen.

1995 wurden zahlreiche Behördenverfahren durchgeführt, um die noch ausständigen Voraussetzungen für den Baubeginn zu schaffen.

Mit Verordnung vom 6. Dezember 1996 folgte dann auch die Übertragung zur Errichtung dieses Abschnittes an die ÖSAG, praktisch der Bauauftrag.

**Baudurchführung Tunnel**

Endlich, am 19. Juli 1997, konnte mit dem Anschlag von drei Sondierstollen der Bau der gesamten Tunnelkette eingeleitet werden: Spering-Nord und -Süd sowie Klaus-Nord.

Der Sondierstollen Kienberg-Süd folgte gegen Jahresende.

Auch beim Bau sollte voll auf die Notwendigkeiten des Natur- und Landschaftsschutzes Rücksicht genommen werden. Die Aufschließung erfolgte, soweit technisch machbar, so, dass die zwischen den Tunneln liegenden Brücken noch vor dem Tunnelvollausbruch errichtet wurden, um die folgenden Massentransporte bereits über die im Bau befindliche Autobahntrasse leiten zu können.

Im Frühjahr 1998 begann der für die Erschließung der Trasse wichtige Bau der Brücken über die Teichl, die Steyr und den Rettenbach. Die vier Sondierstollen wurden fertig gestellt. Der Vollausbruch des 441 m langen Traunfriedtunnels begann ebenfalls im August 1998 und dauerte bis zum Sommer 1999.

Am 5. Februar 1999 erfolgte der Anschlag zum Vollausbruch des 783 m langen Falkensteintunnels, am 6. August der zum Klausertunnel (mit Kurztunnel und anschließender Grünbrücke 2192 m). Als Reaktion auf das Unglück im Tauerntunnel vom 29. Mai 1999 wurde das Sicherheitskonzept der Tunnelbauwerke des Abschnittes Schön–Lainberg-Nord nochmals überdacht und im Herbst 1999 u. a. wie folgt entschieden: Vollausbau des Teilabschnittes von Schön bis zur Anschlussstelle Klaus mit je zwei Tunnelröhren durch Hungerbichl und Kienberg, Verlängerung der bisher als Fluchtstollen vorgesehenen Sondierstollen in den Oströhren von Klauser und Speringtunnel bis zum Durchschlag und Aufweitung auf ein für Einsatzfahrzeuge geeignetes Kalottenprofil, Herstellung von befahrbaren Querschlägen zwischen Fluchtstollen und den jeweiligen Tunnelröhren und schließlich Betondeckenfahrbahnen in Tunneln mit über 1000 m Länge.

Im Detail wurden u. a. die Fluchtstollen auf 45 m² erweitert, die Abstände zwischen den mit Einsatzfahrzeugen befahrbaren Querschlägen

**Blick vom Klauser Tunnel** zum Südportal des Hungerbichltunnels. Vorne sichtbar der Kurztunnel und die (noch offene) in Deckelbauweise errichtete Grünbrücke mit der Frauensteiner Bezirksstraße. Zu erkennen ist auch die Fahrbahn der Brücke über das Steyrtal. Bauzustand Sommer 2000.

*Die Zufahrt zum Südportal* und damit zum Vortrieb des Falkensteintunnels kann bereits über die provisorisch fertig gestellte Brücke erfolgen (Bauphase 3).

betragen weniger als 500 m. Entsprechende Erkenntnisse aus Studien von Verkehrspsychologen und des Kuratoriums für Verkehrssicherheit sollen bei der Ausstattung der Tunnel, bei Beleuchtung und Information Anwendung finden und auf Menschen mit Tunnelphobie abgestimmt werden.

Am 28. Jänner 2000 erfolgte der Anschlag zum Vollausbruch des 2852 m langen Speringtunnels, des längsten der Kette, gefolgt am 5. April vom 510 m langen Hungerbichltunnel.

Und am 4. Mai 2001 fand schließlich mit dem Beginn des Vollausbruches für die beiden Röhren des 1544 m langen Kienbergtunnels der vorletzte Anschlag an der gesamten Pyhrnstrecke statt. Der vorläufig letzte war der zum Kremsursprungtunnel im Baulos Micheldorf.

Die Gesamtlänge der bergmännisch errichteten Tunnelbauwerke, und zwar der beiden Röhren durch Kienberg und Hungerbichl, sowie der Halbausbautunnel Klaus, Traunfried, Spering und Falkenstein beträgt ohne Fluchtstollen 10.234 m.

In der so genannten Pankrazer Geraden liegen auch noch vier Kurztunnel, die nicht bergmännisch vorgetrieben, sondern nach Einhausung überschüttet wurden. So konnten Hanganschnitte technisch einwandfrei beherrscht und kostengünstig erstellt werden. Übrigens tragen sie auch zum Lärmschutz für die Siedlungen um St. Pankraz bei. Sie wurden im Jahre 2001 begonnen. Während drei Paare mit gewölbten Profilen hergestellt und eingeschüttet wurden, ergab sich für die Überdeckung Schölmberg als wirtschaftlichste Lösung ein doppelter Rechteckquerschnitt.

Hinter dieser trockenen Aufzählung verbergen sich zahllose technische Innovationen, bemerkenswerte Details und hervorragende Leistungen auf allen Gebieten der Baukunst auf Planer-, Bauherren- und Ausführungsseite. Alles das darzustellen, dafür reicht der Raum in dieser Chronik nicht aus.

Als Einziges sei noch die Tunnelwasserversorgung und Tunnelentwässerung hervorgehoben, die für eine solche Kette von Tunnel anders als für Einzeltunnel zu lösen war. Die Wasserversorgung wird vor allem für Löschzwecke bei Unfällen, aber auch zum Tunnelwaschen benötigt. Dazu waren gesonderte Hochbehälter zu errichten, die über vertikale Bohrlöcher die Tunnel versorgen. In einem Falle war eine entsprechend isolierte Versorgungsleitung in einer Brücke zu führen. Für die Abwässer waren geeignete Gewässerschutzanlagen vorzusehen. Schließlich verlaufen die Tunnel über weite Abschnitte parallel zum Klauser Stausee, einem touristisch genutzten Erholungsgebiet. Das Konzept bedingt auch die Zusammenfassung und Weiterleitung der Betriebswässer über Brücken und Tunnel der Kette zu den Reinigungs-, Filter- und Retentionsbecken.

## Bauausführung Brücken

Die 14 Brücken wurden in verschiedenen Konstruktionsarten errichtet. Durch die aus Umweltgründen und wegen der Belüftungsmöglichkeit gewählte Streckenführung in der Flanke des

*Falkensteintunnel-Südportal und Bogenbrücke* über die Teichl, Bauphase 2. Der Voreinschnitt für den Tunnelvortrieb, die Hangsicherung und die Fundierung für Widerlager und Kämpfer des Bogens mussten wegen der geologischen und örtlichen Verhältnisse Hand in Hand erfolgen.

Sengsengebirges müssen zwischen den einzelnen Tunnel mehrmals enge Täler überbrückt werden.

Beispielhaft sei auf die kühne, elegante, 278 m lange Steyrbrücke bei Klaus hingewiesen, ein neues Wahrzeichen des Tales, weil von allen Seiten gut sichtbar (außer vom Benützer selbst). Sie ist die längste Brücke im Abschnitt Klauser Tunnelkette und wurde im Freivorbau eines Kastenträgers errichtet. Die Spannweite des

*Das größte Brückenbauwerk im Rahmen der Tunnelkette Klaus, der 278 m lange Talübergang Steyr, wurde im Freivorbau errichtet. Mittelspannweite 120 m, 50 m über dem Fluss.*

Mittelbogens beträgt 120 m mit einer Höhe von 50 m über der Steyr.

Auch die Bertlgrabenbrücke mit einer Länge von 188 m über einen Nebenarm des Stausees wurde im Freivorbau errichtet.

Die zwei Bogenbrücken über Rettenbach (78 m) und Teichl (93 m) waren in schwer zugänglichem Gelände vorab herzustellen, bevor man die Tunnelportale erreichen konnte.

In einer 50 m zum Fluss abfallenden Felswand über dem Bogenansatz der Teichlbrücke liegt das Südportal des Falkensteintunnels. Ein glaziales Trogtal hatte sich durch Erosion an einer Schwächezone innerhalb der Kalkalpen gebildet.

Nach Abzug der Gletscher wurde das Tal von mächtigen Schottermassen aufgefüllt und bildete so die heutige Terrassenlandschaft. Die Teichl hat dann in geologisch jüngster Zeit Mäander eingekerbt. In diesem geologisch sensiblen Bereich erfolgte im Steilhang auf einer Gesamtbreite von 20 m ein 6 m langer Tunnelvoreinschnitt im unmittelbaren Anschluss an das Brückenwiderlager.

Unmittelbar 20 m darunter waren die Kämpferfundamente für den Brückenbogen zu errichten. Die topographischen Verhältnisse machten es erforderlich, vor Beginn der Tunnelausbruchsarbeiten die Brücke so weit herzustellen, dass der gesamte Tunnelbau über die Brücke erfolgen konnte. Davor waren eine Systemankerung und Ankerbalken zur Sicherung von Kämpfer, Brückenlager und Voreinschnitt notwendig.

Eine Besonderheit stellt auch der bemerkenswerte Einschub eines gekrümmten Stahlbetontragwerkes für die Pyhrnbahn dar, das im Bereich der Anschlussstelle Hinterstoder neben der Strecke errichtet wurde und anschließend während einer auf nur 48 Stunden anberaumten Betriebsunterbrechung, an die Stelle des Bahndammes trat.

Die über Teflonplatten gleitende 53 m lange Brücke wurde dabei nicht geschoben, im Gegenteil, wegen der Querneigung musste mit Zugstangen über hydraulische Pressen gebremst werden! So geschehen am 2. und 3. Dezember 2000.

## Sonstige Baumaßnahmen

Überhaupt ist die Anschlussstelle Hinterstoder/
St. Pankraz mit den auf engstem Raum am Zusammenfluss von Steyr und Teichl liegenden
Rampen, Über- und Unterführungen, der B 138
und der Pyhrnbahn, mit Bahnhof, Raststation
etc. ein sowohl von der Planung als auch Ausführung her komplexes Verkehrsbauwerk. Die
notwendigen wechselnden Umleitungen, in deren Zuge auch gleich die Bundesstraßenbrücke
saniert wurde, haben wohl alle Benützer irritiert,
waren aber Ergebnis einer wohl durchdachten
und gut beschilderten Logistik, die letztlich selten zu Stauungen führte.

Die Stromversorgung aller Objekte erfolgt wegen der für Tunnel notwendigen Sicherheit von
zwei Seiten, überdies sind Notstromaggregate
mit genügend Kapazität für Beleuchtung und
Belüftung installiert.

Erhaltung und Betrieb des Abschnittes von der
Betriebsumkehr Micheldorf (nördlich des Kienbergtunnels) bis zum Nordportal des Lainbergtunnels fallen in den Betreuungsbereich der
ÖSAG. Sämtliche Tunnelbauwerke der Kette
Klaus und zusätzlich die Grünbrücke Hinterburg werden von der Tunnelwarte in der Autobahnmeisterei Ardning südlich des Bosrucktunnels überwacht und gesteuert.

Letzteres ist eine wichtige Festlegung, handelt
es sich hier doch um die komplexen Probleme
einer zentralen Steuerung aller Vorkommnisse
auf einem derart langen Tunnelabschnitt. Zusammen mit dem Quasi-Tunnel Hinterburg und
der Tunnelgruppe um den Lainberg sind es 14
Tunnel in Folge, wobei von zwei getrennten
Richtungsfahrbahnen auf vier im Gegenverkehr
befahrene Tunnel zusammengeführt wird, gefolgt von vier Grünbrücken mit Verkehrstren-
nung, um dann wieder in den Gegenverkehrsbereich des Lainbergtunnels zu münden.

**Einschub** eines neben der Strecke vorge-
fertigten gekrümmten Stahlbetontragwerkes. Der Bahnverkehr war dadurch nur
ein Wochenende unterbrochen.

Dazwischen gibt es nur zwei reguläre Ausfahr-
ten. Die installierten Steuerungsprogramme
sollen selbsttätig für alle nur denkbaren Unfälle
und Katastrophen nicht nur Verkehrszeichen
schalten, sondern auch die notwendigen Ret-
tungs- oder Hilfsmaßnahmen einleiten. Die
Warte ist wohl rund um die Uhr besetzt, trotzdem soll der Zentralrechner auch menschliche
Fehler in Stresssituationen ausschließen. Man
kann mit Sicherheit behaupten, dass bis heute
in Europa keine vergleichbare Systemsteuerung
in Tunneln installiert wurde. Viele Nachrüs-
tungsmaßnahmen fußen auf den Erkenntnissen
der Tunnelunfälle der letzten Jahre.

## Schlussbetrachtung

Für den verwirklichten Schutz von Landschaft
und Umwelt, für die Lebensqualität der Anrainer
und die Verbannung von Transit und Verkehrslärm unter Tag, nicht zuletzt aber auch für
die Sicherheit der künftigen Benützer war die
Allgemeinheit bereit, einen hohen Preis zu
zahlen. Der Zuruf der Bergleute „Glück auf!"
wird bei der Befahrung dieser Strecke in Zukunft

eine wahre Bedeutung haben. Es ist zu hoffen, dass die bei der Schaffung der Klauser Tunnelkette erbrachten Leistungen mit allen technischen Details eines Tages in einer Dokumentation zusammengestellt und damit der Fachwelt zugänglich gemacht werden können. Unseren Ingenieuren und Technikern würde so der Respekt gezollt, den sie sich verdient haben. Eine erste Publikation ist bereits in der Zeitschrift FELSBAU im Jahre 2002, Heft 1 erschienen, der wertvolle Hinweise zu diesem Kapitel entstammen. *

Die Tunnelkette Klaus soll im September 2003 dem Verkehr übergeben werden. Die voraussichtlichen Gesamtkosten werden 241 Mio. Euro betragen. Vom technischen Standpunkt wie vom Aufwand stellt die Tunnelkette alles andere in den Schatten, was entlang der Pyhrnstrecke über all die Jahrzehnte geleistet wurde. Wenn auch der praktische Lückenschluss erst mit der Eröffnung der Umfahrung Kirchdorf/Micheldorf gegen Ende 2004 erfolgen wird, so stellt doch der gesamte Abschnitt, den Lainbergtunnel und den Teichlgraben einbezogen, die Krönung des seit 33 Jahren betriebenen Projekts einer weiteren Alpenquerung dar.

---

* Siehe Literaturverzeichnis

**In der so genannten Pankrazer Geraden** liegen vier in offener Bauweise errichtete Kurztunnel. Sie sind eine wirtschaftliche Lösung zur Vermeidung von sonst bei Hanganschnitten möglichen Rutschungen.

# 14
# Die unendliche Geschichte „Welser Westspange"

*Eigentlich sollte sie schon seit Jahren fertig sein. Seit wie vielen, kann auf Anhieb selbst der intimste Kenner der Materie, der Welser Ziviltechniker Dipl.-Ing. Walter Höllhuber, nicht beantworten.*

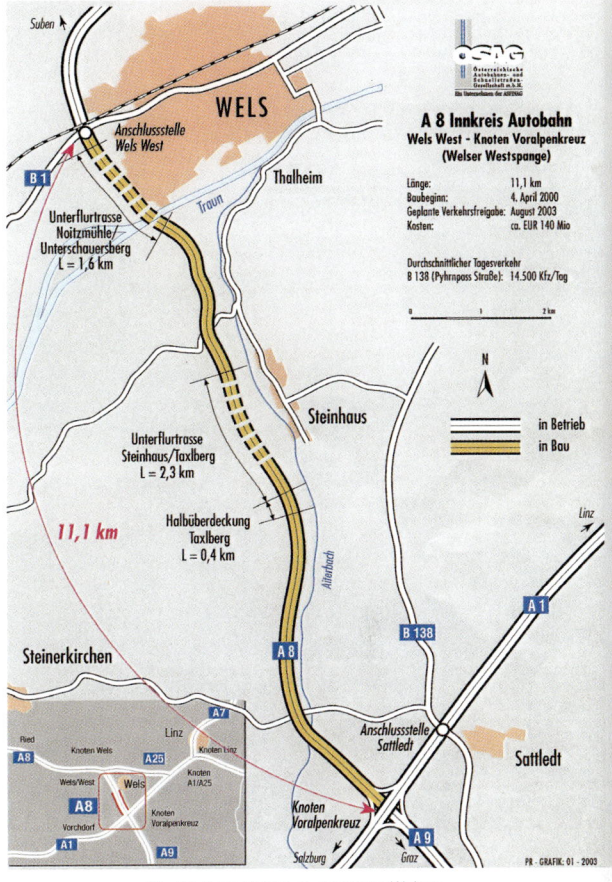

*Die 11,1 km lange so genannte Welser Westspange*

Diese rund 11 km vom Voralpenkreuz (dem Autobahnknoten von A 1 mit A 8 und A 9) zur Anschlussstelle Wels-West und damit Lückenschluss zur Verbindung mit dem Autobahndreieck Wels, der Vereinigung von A 8 und A 25 zu einem einzigen Straßenband in Richtung Passau, hatten es in sich. So lesen wir in einer Jubelpostille, herausgegeben aus Anlass der Fertigstellung des 1000sten Autobahnkilometers im Jahre 1983*, die damals offenbar ernst genommene Ankündigung, Ziel der achtziger Jahre sei die Fertigstellung eines „optimalen Grundnetzes" im österreichischen Autobahnen- und Schnellstraßensystem. An anderer Stelle wurde damals als voraussichtlicher Baubeginn für den Abschnitt von der Anschlussstelle Wels-West bis zur A 1 im Voralpenkreuz das Jahr 1986 und als voraussichtliches Bauende 1988 angeführt. Diese Prognose lag um 15 Jahre daneben. Freilich hielt der damalige Landeshauptmann Dr. Ratzenböck anschließend auch fest, dass, sollte Österreich diese Autobahn allein finanzieren müssen, die Fertigstellung erst weit über das Jahr 2000 dauern würde. Es lag dann letztlich nicht nur an der Finanzierung, dass diese Prophezeiung wahr geworden ist. Im Folgenden wird skizziert, was an den Verzögerungen Schuld trug und wie es dann doch zum Baubeginn kam.

Eckdaten:

06. 12. 1996  Übertragung der Westspange an die ÖSAG
05. 04. 2000  Baubeginn der Traunbrücke
16. 09. 2000  offizieller Spatenstich
Aug. 2003    geplante Eröffnung

Nachdem schon 1938/39 Planungen und Vermessungen stattfanden, die 1940 zum Baubeginn im Knoten Sattledt führten, wurde 1965 das erste generelle Projekt verfasst. 1969 erfolgte eine Verschiebung der Trasse in Wels um ca. 600 m nach Westen, damit das Stadtent-

**Anschlussstelle Wels West,** *Luftaufnahme,*
*Bauzustand Frühjahr-2003.*

**Unterflurtrasse Noitzmühle** *gegen*
*Anschlussstelle Wels-West. Rechts oben*
*im Bild die Autobahnmeisterei Wels.*

wicklungsgebiet Noitzmühle innerhalb des geplanten Autobahnringes gebaut werden konnte. Am 15. November 1974 ein erster Höhepunkt: Die Trasse nach § 4 Bundesstraßengesetz im Aiterbachtal wird verordnet, was für gewöhnlich einen baldigen Baubeginn erwarten lässt. Die Gemeinde Steinhaus hatte dieser Trasse bereits zugestimmt. Doch zehn Jahre vergingen und nichts geschah. Das Geld fehlte.

### 1984

entbrannte ein politischer Streit im Welser Gemeinderat. Erst wollte man noch einstimmig die Trasse (um ca. 13 m!) nach Westen verlegen, dann plädierte eine Seite für die Aufhebung der Trassenverordnung und schlug eine Variante vor. Inzwischen hatte sich die Gemeinde Steinhaus gegen jede Trasse durch ihr Gemeindegebiet ausgesprochen.

### 1985

schlägt Höllhuber eine Unterflurtrasse mit Einhausung im Bereich Noitzmühle vor. Bautenminister Sekanina lehnt eine Forderung von Bürgermeister Bregartner (Wels) nach Aufhebung der Amtsstrasse ohne gleichzeitige Verordnung einer neuen Trasse ab (sehr weise!). Bald darauf erfolgt jedoch ein Ministerwechsel. Im November hebt Minister Übleis die geltende § 4-Verordnung auf, ohne eine neue zu erlassen. Das nun folgende Chaos ist damit vorprogrammiert.

### 1986

wird die so genannte Rinderertrasse vorgestellt. Minister Übleis spricht sich für diese aus. Am 17. April findet in der Welser Stadthalle eine öffentliche Diskussion statt. Am 24. April befürworten auch die beiden Großparteien im Welser Gemeinderat die Rinderertrasse. Der Bürgermeister von Steinhaus, Ing. Haimbuchner, verlangt jedoch weitere Zugeständnisse. Nach der Nationalratswahl vom 23. November 1986 scheidet Minister Übleis aus der Bundesregierung aus, sein Nachfolger wird Robert Graf.

### 1987

vergeht, ohne dass eine neue Trasse verordnet wird, trotz massivem Lobbying. Alle verlangten

*Der Schalwagen* für die 2,3 km lange Unterflurtrasse Steinhaus/Taxlberg

*Die fertige Unterflurtrasse* vor dem Einschütten. Enwurf und Ausführung wurden mit dem österreichischen Ingenieurpreis 2002 für Betonkonstruktionen ausgezeichnet.

zusätzlichen Unterlagen werden nachgereicht. Im Dezember wird ein Verein zum Schutz des Aiterbachtales und gegen den Bau einer Westspange gegründet.

## 1988

stimmt das Ministerium der Tieflage im Bereich Noitzmühle zu. Das Anhörungsverfahren beginnt von neuem. Im September formiert sich eine Bürgerinitiative für die Erhaltung der Lebensqualität in der Noitzmühle und sammelt Proteststimmen im Zuge eines Klangwolkenhappenings.

## 1989

beschließt die Oö. Landesregierung einstimmig eine Forderung nach Erlassen der § 4-Verordnung. Inzwischen ist Dr. Wolfgang Schüssel der zuständige Minister.

## 1990

wird von Dipl.-Ing. Höllhuber eine Volksbefragung initiiert, die am 18. November stattfindet und folgendes Ergebnis bringt: Bei einer Beteili-

gung von 51,7 % stimmen 87,4 % (17.050 Personen) für und 12,6 % (2.469 Personen) gegen die Westspange.

## 1991

bringt am 31. Juli mit der Unterschrift von Minister Schüssel unter die § 4-Verordnung einen neuen Höhepunkt. Seit der ersten Verordnung waren inzwischen 17 Jahre vergangen.

## 1992

formiert sich eine Gegenbewegung. Die Unterlagen zur Erstellung eines Naturschutzgutachtens werden an Landesrat Hochmair übergeben.

## 1993

fällt der Naturschutzgutachter des Landes Oberösterreich eine absolut negative Bewertung der Trasse, erklärt sich aber gleichzeitig für nicht zuständig, weil das Landesnaturschutzgesetz in einer Bundesinteressen betreffenden Angelegenheit nicht anwendbar ist. Er hätte eben nur eine Fleißaufgabe gemacht. Der Verfassungsgerichtshof erkennt zu Recht, dass bei der § 4-

Verordnung richtig vorgegangen wurde. Das Land OÖ stellt beim Magistrat der Stadt Wels und bei der BH Wels (für Steinhaus) als den zuständigen Behörden den Antrag auf die naturschutzrechtliche Bewilligung der Trasse.

## 1994

spricht sich nun auch Bundeskanzler Vranitzky für die Westspange aus. Stadt und BH Wels (für Steinhaus) stellen knapp vor Jahresende positive Naturschutzbescheide aus.

## 1995

werden dagegen vom Naturschutzbeauftragten des Landes, vom Landesumweltanwalt und von der Gemeinde Steinhaus Einsprüche eingebracht. Während sich Landesrat Hiesl im März entschieden zur Rinderertrasse bekennt, spricht sich die soeben in das Amt der Oö. Naturschutzreferentin berufene Frau Barbara Prammer gegen die bereits verordnete Trasse aus und will neue Varianten untersuchen lassen, was von der Oö. Landesregierung abgelehnt wird. Im Dezember geht ein Verein „PRO WELS-WEST" in die Öffentlichkeit.

## 1996

überschlagen sich die Ereignisse. Politiker aller Couleurs schießen verbal aufeinander. Die Presseausschnitte ihrer Statements füllen ganze Ordner. Der Oö. Umweltanwalt verlangt eine Umweltverträglichkeitsprüfung. Zu den vehementesten Verhinderern zählt jetzt die Landesrätin Prammer, unterstützt von Bürgermeister Haimbuchner (Steinhaus). Die anderen Politiker rücken in Laufe des Herbstes aber zusammen. Pressekonferenzen platzen. Wirtschaftsminister Farnleitner und Finanzminister Klima sagen am 16. November Bau und Finanzierung der Westspange zu. Am 6. Dezember wird die ÖSAG

mit Planung, Errichtung und Finanzierung der Westspange beauftragt. Der Ministerrat segnet am 12. Dezember die Westspange ab. Ein weiterer Höhepunkt? Kann nun wirklich gebaut werden?

## 1997

beginnt mit neuen Wadelbeißereien. Der Umweltanwalt des Landes OÖ Dr. Wimmer exponiert sich persönlich gegen die Trasse und löst eine Medienkampagne aus, Rufe nach Rücktritten werden laut, Befangenheit wird vorgeworfen. Am 16. Mai entdecken Archäologen im Bereich der Trasse die Reste einer römischen Siedlung, die „VILLA RUSTICA". Sie soll nun die Westspange verhindern. Ein positiver Wasserrechtsbescheid wird am 8. Oktober zugestellt. Am 7. November erklären Landesrat Hiesl und Gen.-Dir. Schragl (ÖSAG) gemeinsam, dass mit dem Bau 1998 begonnen werde und eine Fertigstellung bis 2002 realistisch sei. Darauf droht Bürgermeister Haimbuchner mit einem „heißen" Empfang für die Baufirmen. Auch gegen den dritten positiven Naturschutzbescheid Steinhaus schlägt der Umweltanwalt Wimmer in einer 66 Seiten langen Berufung wild um sich, und beschuldigt alles und jeden, auch seine Mitstreiter. Die Gemeinde Steinhaus bringt zeitgleich am 11. Dezember ebenfalls eine Berufung ein.

## 1998

wird die Berufung des Umweltanwaltes der Öffentlichkeit über die Medien bekannt gegeben, um Stimmung zu machen. Die Behörde weist jedoch umgehend die Berufungen zurück. Der Rest des Jahres vergeht mit wiederholten Versicherungen der meisten Politiker, für den umgehenden Baubeginn zu sein. Es sollen jedoch zusätzlich z. B. noch Biotope kartiert wer-

*Die im Freivorbau* errichtete Traunbrücke Wels vor dem Schließen

den, was einen Baubeginn 1998 ausschließt. Die Naturschutzabteilung des Landes fordert zur Beurteilung des Naturschutzbescheides in der zweiten Instanz weitere drei Gutachten. Wimmer erklärt im Lokalfernsehen, keineswegs aus politischen, sondern aus fachlichen Gründen gegen die Westspange zu sein. Es gelingt ihm überraschenderweise die Zusage zu erlangen, dass eine seiner Forderungen erfüllt wird und er sich einen „ihm genehmen Verkehrsgutachter" aussuchen könne, der feststellen soll, dass die Westspange für Wels keine Entlastung bringen wird. Damit geht eine weitere Verzögerung einher, und ein Baubeginn noch im 20. Jahrhundert scheint nicht mehr möglich. Eine Verkehrsuntersuchung bestätigt im Oktober jedoch die enorme Entlastung der Osttangente durch die Westspange. Dadurch ging die unsachliche Kritik von Dr. Wimmer völlig ins Leere, die Verzögerung war ihm aber gelungen.

## 1999

zeigt, dass bereits 60 % der Grundstücke einvernehmlich eingelöst sind und man im Zeitplan ist. Die ÖSAG bereitet alles für einen Baubeginn im Herbst vor. Am 23. März wird der positive Wasserrechtsbescheid vom Landwirtschaftsministerium als zweiter und letzter Instanz bestätigt. Der Bau muss nach diesem Bescheid aber vor dem 15. Juli 2000 begonnen und bis zum 15. April 2004 beendet sein. Die Gemeinde Steinhaus beschließt, dieses Erkenntnis beim Verwaltungsgerichtshof anzufechten. Gleichzeitig verlangen aber Thalheim und Steinhaus eine eigene Autobahnanschlussstelle! Die ÖSAG schreibt im Sommer den Bau der Traunbrücke aus. Da der Naturschutzbescheid Wels vom Dezember 1994 nach drei Jahren abgelaufen war, weil mit dem Bau nicht begonnen wurde, musste am 16. Juli ein neuer Bescheid ausgestellt werden, gegen den der Umweltanwalt

Wimmer sofort berief. Also wieder zurück an den Start. Der Aufsichtsrat der ÖSAG beschloss inzwischen die Bauvergabe der Traunbrücke an den Bestbieter. Nach Zustellung des von Landesrat Haider unterfertigten Naturschutzbescheides zweiter Instanz für Steinhaus am 29. November und desjenigen für Wels am 28. Dezember war ein Baubeginn im Jahre 2000 gesichert. Der WWF und der Naturschutzbund kündigten daraufhin an, dass sie zum Europäischen Gerichtshof gehen werden.

## 2000

Nach dem Regierungswechsel wird jetzt Dipl.-Ing. Schmid mit der Leitung des Infrastrukturministeriums betraut, seit Beginn der Debatte der insgesamt siebente Minister, in dessen Ressort die Kompetenzen fallen. Am 15. Feber laufen die letzten Fristen für Berufungen ab, ohne dass solche erfolgt sind, auch nicht durch Dr. Wimmer. Damit sind alle Bescheide rechtskräftig.

Die von den Grünen, die nach wie vor gegen den Baubeginn sind, angestrengten Verfahren, von der Einschaltung des Rechnungshofes über Verwaltungs- und Verfassungsgerichtshof bis zur EU-Kommission können den Baubeginn nicht mehr stoppen. Am 5. April erfolgte durch Landesrat Hiesl der Spatenstich zur Traunbrücke. Es wurde nicht viel Aufhebens über dieses Ereignis gemacht, um die alten Gegner nicht zu provozieren. Es blieb aber ruhig, man hatte sich offenbar mit den Gegebenheiten abgefunden. So konnte dann am 16. September der offizielle Spatenstich zur Welser Westspange in guter Welser Volksfeststimmung und in Anwesenheit von Prominenz über die Bühne gehen. Damit wurde nach einer 60-jährigen Unterbrechung (1940–2000) der Bau der Westspange fortgesetzt.

## Streckenbeschreibung

Doch wie sind diese so lange umstrittenen 11,1 km beschaffen, die wegen der ökologischen Ausgleichsmaßnahmen wohl das teuerste Straßenstück Österreichs darstellen, und welche Bedeutung haben sie für den Verkehr?

A 1, A 8, A 25 sowie die B 1 (Wiener Bundesstraße), B 137 (Innviertler Straße) und B 139 (Pyhrnpass-Straße) kreisen den Großraum Wels ein oder durchschneiden ihn. Innerhalb dieser Drehscheibe kreuzen sich europäische Verkehrswege. Es musste also zur Entlastung der Bevölkerung einer 60 000 Köpfe zählenden Industriestadt und der auch in den umliegenden Gemeinden angesiedelten Pendler Abhilfe vom Transitverkehr geschaffen werden, ohne die eigene Mobilität zu behindern.. Das erhöhte Umweltbewußtsein gegen Ende des 20. Jahrhunderts verlangte ebenfalls seinen Preis. Umwelt, Natur und Anrainer zu schützen, war eben nur mit Kompromissen und um gewaltige Kosten möglich.

Vom Knoten Voralpenkreuz verläuft die Trasse vorerst offen durch das Aiterbachtal abwärts, um zuerst auf 400 m in einer Halbüberdeckung mit anschließender 2300 m langer Unterflurtrasse im Bereich der Wallfahrtskirche Taxlberg bis Steinhaus zu verschwinden, die damit den gleichnamigen Ort auf der anderen Talseite völlig vor dem Verkehrslärm schützt. Nach Fertigstellung werden diese Bauwerke begrünt und dadurch auch das natürliche Erscheinungsbild der Landschaft weitestgehend bewahrt.

Nach Unterführung einer Landesstraße, bei der eine allfällige Anschlussstelle liegen könnte (sollten dazu die entsprechenden politischen Beschlüsse gefasst werden), folgt noch ein offenes Stück, bevor die Autobahn endgültig bis zur Anschlussstelle Wels-West im Tunnel verschwindet. Dieser Teil weist jedoch eine Besonderheit

*Blick von Unterschauersberg* nach Norden auf die Traunbrücke. Die Autobahn verläuft im doppelten Hohlkasten, dessen Decke wieder begrünt wird. Am Horizont Wohntürme am westlichen Stadtrand von Wels, Bauzustand April 2003. Charakteristisch sind die zahlreichen aufwändig gestalteten Biotope.

auf. Die insgesamt 1600 m lange Teilstrecke besteht aus den zwei Unterflurtrassen Unterschauersberg und Noitzmühle, verbunden durch eine doppelte Hohlkastenbrücke über die Traun mit je zwei Fahrstreifen, ein wohl einmaliges Bauwerk. Die Decke der Brücke wird ebenfalls begrünt, aber so dimensioniert, dass sie von Einsatzfahrzeugen benützt werden kann. An der Außenseite des Hohlkastens laufen Geh- und Radwege für die örtliche Verbindung entlang. Insgesamt 37 % der Westspange verlaufen unter Tag.

Besonders aufwändig sind die ökologischen Begleitmaßnahmen. Es wurde vermutet, dass das Aiterbachtal Lebensraum für zahllose Amphibienarten ist. Um dies abzusichern, wurde 1997 ein groß angelegtes Forschungsprojekt gestartet. Es führte zu einer umfassenden Amphibienkartierung. Die Wanderungen der Frösche, Kröten und Molche wurden registriert und

lieferten Hinweise zur Planung und Bauausführung. Es konnten entweder Vorkehrungen für die Wandermöglichkeiten der Frösche geschaffen oder Ersatzbiotope vorgesehen und angelegt werden.

Zum Redaktionsschluss für dieses Buch Mitte Juni 2003 laufen die Arbeiten plangemäß, sodass mit der Inbetriebnahme jedenfalls im August dieses Jahres gerechnet wird.

---

* Siehe Literaturverzeichnis

*Lückenschluss beim Talübergang Steyr, PY 51,*

ausgeführt von

# 15
# Eine andere Geschichte: Kirchdorf – Micheldorf

*Im Jahre 1970 hätte sich niemand vorstellen können, dass gerade dieser Abschnitt als letzter der gesamten Pyhrn Autobahn A 9 fertig gestellt sein und erst den eigentlichen Lückenschluss von Sattledt nach Spielfeld bedeuten würde.*

Schon im Kapitel 11 wurde darauf hingewiesen, dass die erste § 4-Verordnung für den Abschnitt Sattledt bis Klaus am 2. August 1978 als Amtstrasse erfolgte. Das Detailprojekt für das Baulos Micheldorf von Bau-km 19,975 (Anschlussstelle Kirchdorf) bis Bau-km 25,550 (etwa Wasserscheide zwischen Krems und Steyr) wurde dann vom Büro Atzwanger schon um 1982 fertig gestellt.

Auf Grund vielfältiger Widerstände und politischer Willensbildung wurde am 18. Februar 1985 die § 4-Verordnung für eine Autobahn etwa im Bereich der Gemeinde Micheldorf wieder aufgehoben und am gleichen Tag ein Bundesstraßenplanungsgebiet festgelegt. Der schon 1982 vom damaligen Vorstand der PAG vorgeschlagene vorgezogene Bau einer Schnellstraße als erste Richtungsfahrbahn der künftigen Autobahn und großräumige Umfahrungsstraße für beide Orte war damit gefallen. Zu diesem Zeitpunkt führte die Bundesstraße noch mitten durch das Ortszentrum von Micheldorf.

Die Marktgemeinde erhielt bald darauf die heutige Umfahrungsstraße, anfänglich durch unverbautes Gebiet führend, heute beidseitig nahezu in ihrem ganzen Verlauf als Erschließungsstraße für Einkaufszentren und das Gewerbegebiet von Micheldorf genutzt. Der Verkehrsfluss wurde

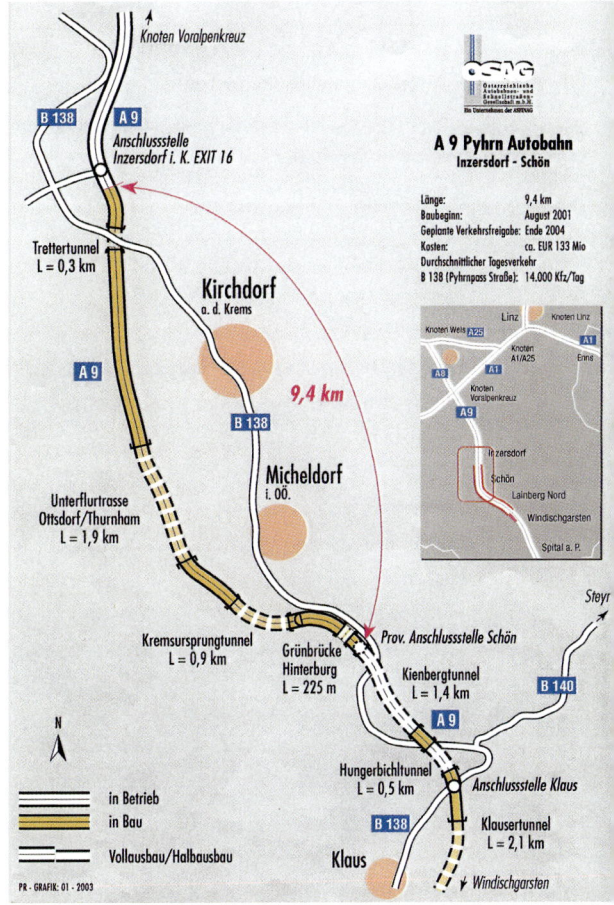

Der 9,4 km lange Abschnitt Inzersdorf–Schön (Umfahrung Kirchdorf–Micheldorf)

von immer mehr ampelgeregelten Kreuzungen unterbrochen.

Für die Bezirkshauptstadt Kirchdorf verschlechterte sich die Verkehrssituation weiter, dazu floss noch ein beträchtlicher Teil der Kaufkraft in die Großmärkte im Nachbarort.

Am 26. September 1985 war im Zuge einer ASFINAG-Novelle die Planung samt Errichtung des Abschnittes Sattledt–Kirchdorf, dagegen für den Abschnitt von Kirchdorf bis Windischgarsten lediglich die Planung, der PAG übertragen worden, also in teilweiser Umkehr zur letztendlich tatsächlichen Fertigstellung. Der Gesetzgeber hatte demnach die Prioritäten erkannt und die Weichen stellen wollen. Es sollte aber anders kommen. Vereinfacht ausgedrückt handelte es sich um diametral entgegengesetzte Interessen der Nachbarorte Kirchdorf und Micheldorf.

Im Herbst 1987 fand ein neuerliches Anhörungsverfahren für den Bereich Micheldorf–Klaus statt, mit Verschiebung der Trasse nach Westen und einem ca. 500 m langen Tunnel im Bereich des Kremsursprungtales. Es kam zu keiner Einigung.

Nach Fertigstellung des Abschnittes Sattledt–Inzersdorf 1990 kam somit der Weiterbau zum Stillstand. Sogar der Lainbergtunnel war schon längst fertig, und noch immer wurde eine Lösung für die Umfahrung Kirchdorf–Micheldorf gesucht. Der Verkehr nahm zu.

Nun kamen die Bewohner Kirchdorfs zum Handkuss. Die Situation wurde unerträglich, es kam zu Blockadedrohungen. Transparente an der Straße verlangten den sofortigen Baubeginn der Autobahn. Als Sitz einer Bezirkshauptmannschaft, anderer Bezirksstellen und eines Landeskrankenhauses gab es auch einen starken Ziel- und Quellverkehr, der sich in den unendlichen Bandwurm des Durchzugsverkehrs einreihen musste. Der Verkehr kollabierte zeitweise, das Überqueren der Straße war nur an wenigen Stellen und unter Gefahr möglich.

Seitens der PAG wurde daraufhin als Ersatzstraße eine Umfahrung von Kirchdorf im Detail geplant und war im Frühjahr 1992 baureif. Es hätte sich nach den Ausbaukriterien (wie schon 10 Jahre zuvor vorgeschlagen) praktisch um eine Richtungsfahrbahn der A 9 mit Gegenverkehr und einem Zubringer als Anschluss an die Bundesstraße gehandelt, die man zu einem späteren Zeitpunkt zur Vollautobahn hätte ausbauen können. Weitere Variantenvergleiche folgten zwischen einem kurzen Tunnel Thurnhamberg und Unterflurtrassen.

Im Rahmen einer Volksbefragung am 5. Juli 1992 wurde diese Lösung jedoch abgelehnt. So musste die Bezirkshauptstadt Kirchdorf weitere 12 Jahre mit dem Transitverkehr leben.

Nach Aufgehen der PAG in der ÖSAG 1993 wurden die Bemühungen zur Trassenfindung für die Umfahrung von Kirchdorf und Micheldorf fortgesetzt, doch konnte keine Einigung zwischen den betroffenen Gemeinden und dem Bundesministerium für wirtschaftliche Angelegenheiten erzielt werden. Es waren insbesondere die Vollerwerbslandwirte westlich von Kirchdorf bei Ottsdorf, die gegen jede vernünftige Lösung Sturm liefen.

1994 wurde zur Trassenfindung eine Nutzwertanalyse durchgeführt. Diese bildete 1995 die Grundlage für die Diskussion mit den betroffenen Gemeinden und führte zur Ausarbeitung und Optimierung einiger Varianten. Aus diesen wurde am 23. März 1996 mit Gemeinderatsbeschluss eine ausgewählt und für die Umweltverträglichkeitsprüfung vorbereitet.

Für den 9,3 km langen Teilabschnitt Inzersdorf–Schön wurde noch am 22. Oktober 1996 das generelle Straßenprojekt genehmigt mit der Auflage, die Strecke einer Umweltverträglichkeitsprüfung zu unterziehen.

Am 6. Dezember 1996 wurde konsequenterweise der ÖSAG nun zur Planung auch der Neubau dieses Abschnittes übertragen.

Am 8. April 1998 reichte die ÖSAG die Umweltverträglichkeitserklärung für das Baulos Micheldorf (Ende Baulos Kirchdorf–prov. Anschlussstelle Schön, 5,6 km) beim BMfWA ein. Es war das erste Autobahnprojekt, das nach dem 1994 in Kraft getretenen UVP-G geprüft wurde. Man war optimistisch, das Verfahren in rund eineinhalb Jahren abwickeln zu können. Projektleiter auf diesem Neuland war für die ÖSAG. Dipl.-Ing. Klaus Wandschneider.

Es beinhaltete die 1,9 km lange Unterflurtrasse Ottsdorf/Thurnham und den 0,9 km langen Kremsursprungtunnel.

Man war 1999 optimistisch, rechnete mit einem baldigen Baubeginn. Über eine gemeinsame Anschlussstelle haben sich die Gemeinden Kirchdorf und Micheldorf bis heute nicht geeinigt.

Am 28. September 1999 fand eine öffentliche Erörterung des Umweltverträglichkeitsgutachtens in Micheldorf statt, an der rund 100 Anrainer teilnahmen. Im Mittelpunkt des Interesses standen Variantenvergleiche und die Forderung einer Bürgerinitiative nach einer gänzlichen Untertunnelung.

Für den UVP-pflichtigen Abschnitt Umfahrung Micheldorf wurde am 7. Dezember 2000 vom BMVIT (Bundesministerium für Verkehr, Innovation und Technologie) die § 4-Verordnung erlassen. Das UVP-Verfahren hatte zweieinhalb an Stelle der angenommenen eineinhalb Jahre in Anspruch genommen, also einen wesentlich längeren Zeitraum. Man musste diese Lehre für künftige Projektierungen zur Kenntnis nehmen. Inzwischen wird auch schon von noch längeren Zeiträumen und dadurch entstehenden massiven Zeitverzögerungen bei anderen Straßenbauten berichtet.

Am 28. September 2001 konnte ohne große Zeremonien der Bau auf dem letzten Teilstück der A 9, dem 9,4 km langen Abschnitt Inzersdorf–Schön, begonnen werden. LH-Stv. Franz Hiesl ließ es sich aber nicht nehmen, dabei zu sein, als die Bagger bei den Kremsbrücken endlich dieses Sorgenkind des Landes in Angriff nahmen.

Zum Zeitpunkt der Abfassung dieses Buches stellt sich die Situation wie folgt dar:

Die beiden Kremsbrücken, 210 m bzw. 161 m lang, mit je zwei Tragwerken, sind fertig gestellt. An der 1940 m langen Unterflurtrasse Ottsdorf/Thurnham werden von der Überführung der Ziehberg-Landesstraße in beiden Richtungen im Einschnitt Tunnelelemente mit doppeltem Rechteckquerschnitt in Ortsbeton erstellt. Diese werden anschließend überschüttet, die Oberfläche wieder bepflanzt. Mit dem Bau des 900 m langen Kremsursprungtunnels, der Unterflurtrasse Tretter (Überführung der B 138), der Grünbrücke Hinterburg und dem Erdbau wurde begonnen.

Die Verkehrsfreigabe ist gegen Ende des Jahres 2004 geplant.

Die präliminierten Gesamtkosten von 137 Mio. Euro beinhalten Grundeinlösung, Planung, Bau, Projektmanagement und einen Faktor für die Preisgleitung.

## 16
## Sicherheit, Unfall-
## geschehen, Winterdienst,
## Erhaltung

*Erhaltung nimmt man nicht wahr,
der Winterdienst wird öfter kritisiert, die Sicherheit interessiert
jeden und über Unfälle ist man
geschockt, gar wenn sie in Tunneln
passieren.*

**Von der Autobahnmeisterei Kalwang**
*wird der Schoberpassabschnitt betreut.
Mit der Unterbringung von Garagen und
Werkstätten in einem Bauwerk unter der
Autobahntrasse wurde ein Platz
sparendes Konzept verwirklicht.*

Dass Erhaltungsarbeiten stattfinden, bemerkt der Autofahrer meist erst, wenn bei Fahrbahnerneuerungen in Gegenverkehrsbereichen mit reduzierter Fahrstreifenbreite aus Sicherheitsgründen eine Geschwindigkeitsbeschränkung eingehalten werden muss.

Dass bei Wetterstürzen die Streufahrzeuge und Schneepflüge nicht überall gleichzeitig sein können, versteht man, nachdem der erste Ärger verflogen ist.

Die Sorge um die eigene Sicherheit, der Wunsch, gesund heimzukehren, ist ausgeprägt und zeichnet den umsichtigen Autofahrer aus.

Unfälle schrecken leider nur kurz ab, solange man nicht selbst in sie verwickelt ist.

Aber Unfälle passieren. Die Ursachen sind nach von Statistiken belegten Untersuchungen in erster Linie menschliches Versagen, in zweiter Linie Umwelteinflüsse (Wetter) und erst an die dritte Stelle reihen sich technische Mängel am Fahrzeug. Der Faktor Mensch steht also obenauf.

Tatsache ist auch, dass Tunnelunfälle schon allein wegen der subjektiven Urangst des Menschen vor dem Dunkeln, Unterirdischen, dann der Schwierigkeit, zur Unfallstelle zu gelangen, und, im schlimmsten Falle, der verheerenden Auswirkung von Bränden auf engstem Raum Horrorvisionen entstehen lassen.

Tatsächlich waren die Katastrophen der letzten Jahre in Tunneln ein Horror. Aber die meisten wurden durch menschliches Versagen ausgelöst, die meisten waren vermeidbar.

Eine wichtige Ursache liegt schon beim richtigen Verhalten im Tunnel. In den Alpen gibt es keine hochrangige Straße mehr, die nicht einen oder mehrere Tunnel aufweist. Die Schulung sollte also schon beim Fahrunterricht beginnen. Welche Vorkehrungen kann nun der Betreiber und Straßenerhalter treffen?

Im Sommer 1978, kurz nach Eröffnung des Gleinalmtunnels, damals für einige Zeit der längste Straßentunnel des Landes, erhielten wir den Besuch eines Fernsehteams, das an einer Dokumentation über Sicherheit und Risiken in Straßentunneln arbeitete. Am Ende stellte mir der Redakteur vor laufender Kamera die provokante Frage, ob ich als einer der Verantwortlichen für die Sicherheit im Tunnel gut schlafen könne.

Ich konnte damals diese Suggestivfrage bejahen. Wir hatten alle damals verfügbaren Ausrüstungen eingebaut, Ölfanganlagen für Tankerunfälle vorgesehen, die Beleuchtung und Belüftung entsprach dem Stand der Technik, es gab Löschwasserleitungen, Notrufnischen und Videoüberwachung. Diverse Messgeräte waren instal-

*Der Bosrucktunnel vor der Nachrüstung*

liert, die an einen Zentralrechner meldeten, der im Fall des Falles für jede Situation automatisch die richtigen Alarme auslösen würde. Die Tunnelwarte war rund um die Uhr besetzt. Später kamen noch besondere Bestimmungen für Transporte mit gefährlichen Gütern hinzu.

Mit den Feuerwehren der benachbarten Gemeinden waren für alle möglichen Szenarien Einsatzpläne vereinbart. Finanziell wurden diese freiwilligen Wehren von der PAG unterstützt, um zusätzliche Fahrzeuge und Ausrüstungen anschaffen zu können, obwohl der Rechnungshof dies kritisierte. Nach seiner Meinung hatten die Gemeinden, auf deren Gebiet der Tunnel lag, für die notwendige Ausrüstung selbst aufzukommen, weil sie dafür angeblich Bundesmittel aus einem anderen Topf ansprechen konnten.

Die PAG hatte ein eigenes Einsatz- und Bergefahrzeug angeschafft, das mit allen damals bekannten Hilfsgeräten 24 Stunden einsatzbereit war. Alle Bediensteten der ABM Guggenbach waren einschlägig ausgebildet worden, die

meisten waren sogar Mitglieder der freiwilligen Feuerwehr.

Im Laufe der Jahre blieb die Entwicklung nicht stehen, und so wurde auch immer wieder nachgerüstet. Aber jahrelang gab es europaweit keine nennenswerten Tunnelunfälle, obwohl Zahl und Länge der Tunnel ständig zunahmen.

Dann, am 8. September 1998 um 01.35 Uhr nachts der erste Aufsehen erregende Unfall im Gleinalmtunnel. Nur 700 m vom Nordportal entfernt brannte ein Doppelstockreisebus vollständig aus. Der Brand dauerte 20 Minuten. Auslöser ein technischer Defekt im Motorraum. Der Bus war mit insgesamt 8 Personen (2 Fahrer, 6 Passagiere) besetzt. Während die beiden Fahrer versuchten, den Brand mit eigenen Mitteln zu löschen, flüchteten die Insassen nach Süden. Damit wählten sie den falschen, längeren Fluchtweg (ca. 7,5 km).

Sie konnten glücklicherweise von einem Fahrzeug, das gewendet hatte, mitgenommen werden. Eine Flucht zu Fuß wäre auf Grund der raschen Rauchausbreitung möglicherweise miss-

*Von den zahlreichen Verbesserungen* sind im Bild erkennbar: Rumpelstreifen in Fahrbahnmitte, hellerer Tunnelanstrich, beleuchtete Bordsteinreflektoren, Abstellnischen in Perlweiß und heller beleuchtet.

lungen. Während die Feuerwehr von Süden nicht mehr bis zur Brandstelle vordringen konnte, gelang dies von Norden her. Die FF St. Michael traf um 01.52 Uhr am Brandort ein, also 16 Minuten nach Alarmauslösung. Da von der Decke Betonteile abplatzten und die Bereifung des bereits im Vollbrand befindlichen Busses explodierte, musste man sich auf die Kühlung der Decke und ein Brandbekämpfen von oben nach unten beschränken. Um 2.30 Uhr wurde „Brand aus!" gegeben.

Die beiden Fahrer wurden durch die Gendarmerie in Sicherheit gebracht. Es gab also weder Tote noch Verletzte.

Eine Minute nach Brandausbruch setzte der Rechner wie vorgesehen alle Programme in Kraft. Der Tunnel wurde gleichzeitig mit Ampeln gesperrt. Die automatische Lüftersteuerung wurde aktiviert. Dabei wurde die Abluftleistung auf 100 % und die Zuluftleistung auf 20 % geschaltet. Die Rauchschwaden wurden nach Süden gedrängt, wodurch sich im Brandbereich ausreichende Sichtverhältnisse ergaben. Aller-

dings wurde so das Vordringen von Süden zur Unfallstelle behindert. Die sofort eingeleiteten Überprüfungen des Zustands der Decke und Reparaturen ermöglichten die Wiederaufnahme des Verkehrs nach nur 18 Stunden.

Sicherlich wusste man nun, was verbessert werden musste und konnte (BESSERE ORIENTIERUNG IM TUNNEL, BEZEICHNUNG DER KÜRZESTEN FLUCHTWEGE), aber im Großen und Ganzen hatte das System seine Feuertaufe im Jahre 1998, zwanzig Jahre nach seiner ersten Installierung, bestanden.

Dann folgten innerhalb zweier Monate in Europa zwei schreckliche Straßentunnelunfälle. Am 24. März 1999 kam es zu einem Feuerinferno im Montblanc-Tunnel an der Grenze zwischen Frankreich und Italien. 40 Menschen verbrannten. Der Tunnel war seit 1965 in Betrieb, man warf den Betreibern vor, das Belüftungssystem auf dem Stand der 60er Jahre belassen zu haben. Die Sichtverhältnisse waren wegen des hohen Anteils an qualmenden Schwerfahrzeugen tatsächlich sehr schlecht und mit österreichischen Verhältnissen nicht vergleichbar, wovon sich der Verfasser persönlich überzeugen konnte. Ein aufnahmefähiger Fluchtstollen fehlte.

Was war geschehen? Öl war auf das heiße Auspuffrohr eines LKWs getropft. Der mit Margarine und Mehl beladene Wagen fing Feuer und explodierte.

Und dann folgte für Österreich am 29. Mai 1999 der Keulenschlag im Tauerntunnel.

Die Rekonstruktion der Katastrophe ergab schreckliche Details. Eine ampelgeregelte Baustelle, ein Auffahrunfall, vermutlich wegen Sekundenschlafs gegen 5 Uhr morgens, knapp 400 m vom Nordportal entfernt. Zwölf Tote, 40 Verletzte, einige Vermisste. Einer der in den Unfall verwickelten LKWs hatte Lacke geladen, die das entstehende Feuer anheizten.

Der Ruf nach sofortigem Baubeginn der zweiten Röhren bei allen österreichischen Großtunneln erscholl, eine finanziell unerfüllbare Forderung.

Aber auch der jüngere und gut ausgebaute Schweizer St.-Gotthard-Tunnel wurde im folgenden Jahr Opfer einer Katastrophe. Ein Gesetz der Serie?

Nach genauen Analysen wurden aber jedenfalls viele Sofortmaßnahmen zur Erhöhung der Sicherheit nach neuesten Erkenntnissen an den bestehenden Tunneln in Angriff genommen und inzwischen auch fertig gestellt.

Im Zuge der Pyhrn Autobahn betraf dies den Bosruck- und den Gleinalmtunnel.

**Bosrucktunnel:** Dieser besitzt von Haus aus einen Parallelstollen, unterteilt in je einen Lüftungstunnel Nord und Süd, die durch den im Profil kleineren durchgehenden Entwässerungsstollen verbunden sind. Die Querschläge als Verbindung zwischen Haupttunnel und Lüftungstunnel bzw. Entwässerungsstollen wurden so weit adaptiert, dass sie als Fluchtstollen und

als Warteraum bis zur Evakuierung benützt werden können. So beträgt der Weg von einer Unfallstelle bis zum nächsten Querschlag maximal 170 m.

Die anderen getroffenen Maßnahmen entsprechen denjenigen im Gleinalmtunnel. Sie wurden im Oktober 2001 abgeschlossen.

Kosten: 5,0 Mio. Euro (70 Mio. ATS)

**Gleinalmtunnel:** Umbau und Erweiterung der Notrufnischen (inkl. Frischluftversorgung)

Einbau von regelbaren Abluftjalousien

Erneuerung der Brandmeldeanlage

Fräsen von Rumpelstreifen

Tunnelanstrich heller und schmutzabweisend

Beleuchtete Bordsteinreflektoren

Beleuchtete Fluchtwegorientierungstafeln

Abstellnischen in Perlweiß, heller beleuchtet

Entfernungsangaben zu den Portalen

Die Arbeiten wurden im Mai 2002 beendet.

Kosten: 8,5 Mio. Euro

Mitten in die laufenden Arbeiten zur Erhöhung der Tunnelsicherheit fiel ein weiteres tragisches Ereignis. Am 6. August 2001 um 15.20 Uhr kam es 2,5 km vom Nordportal des Gleinalmtunnels entfernt nach einem Frontalzusammenstoß zwischen einem mit sechs Personen besetzten Minivan mit Campinganhänger und einem mit drei Insassen besetzten PKW-Kombi zu einem folgenschweren Fahrzeugbrand. Um 15.21 Uhr wurde das so genannte „Brandprogramm" aktiviert. Das umfasst u. a. das Hochfahren der Abluftventilatoren auf volle Leistung, das Verstärken der Beleuchtung und eine Videoaufnahme des Geschehens am Unfallort.

Zur gleichen Zeit wurden die Feuerwehren alarmiert. Da auch die Ampeln an den Portalen automatisch auf Rot schalteten und die im Tunnel befindlichen Fahrzeuge über Radio der Tunnelfrequenz zum raschen Verlassen des Tunnels aufgefordert waren, konnte beim Eintreffen der

Feuerwehr um 15.34 Uhr, also 13 Minuten nach dem Alarm, kein weiteres Fahrzeug mehr angetroffen werden. Eine gefährliche Situation entstand noch durch das Erhitzen der im Campinganhänger mitgeführten Propangasflasche, die von der Feuerwehr ausreichend gekühlt werden musste, um nicht zu explodieren. Um 15.58 Uhr konnte „Brand aus!" gegeben werden. Zurück blieben im Minivan fünf bis zur Unkenntlichkeit verbrannte Menschen. Nur ein Kind konnte sich aus diesem selbst befreien, die Kleidung stand in Flammen und wurde von einem nachfolgenden Lenker gelöscht. Die drei Insassen des Kombis konnten sich mit Verletzungen selbst befreien und den Rettungskräften entgegenlaufen.

Der Tunnel blieb wegen der Untersuchungen des Gerichtsmediziners und schwieriger Reinigungsarbeiten bis zum nächsten Morgen, 6 Uhr, gesperrt.

Die Einrichtungen des Tunnels für einen solchen Fall hatten wieder alle funktioniert. Auch die Kommunikation mit den anderen Fahrzeugen im Tunnel hatte geklappt.

Der Tunnel aber hatte keinen Einfluss auf den Unfall. Der gleiche Frontalzusammenstoß auf der Gegenverkehrsstrecke einer Autobahn oder auf einer Bundesstraße im Freien hätte das gleiche tragische Ergebnis gebracht, wie es der anerkannte Fachmann Univ.-Prof. für Verkehrssystemplanung Dr. Peter Cerwenka in Heft 3/ 2002 der Österreichischen Ingenieur- und Architekten-Zeitschrift analysiert hat. Die fünf Toten hatten in keinem Szenario eine Chance. Es muss aber die Feststellung erlaubt sein, dass sofort wieder dar   Ruf nach Maßnahmen erscholl und ein sattsam bekannter eloquenter Verkehrsexperte die makabre Gelegenheit erhielt, seine nicht überprüfbaren Allgemeinfloskeln an den Mann (die Frau) zu bringen.

*Brückeninspektionsgerät in Aktion*

## Betrieb und Erhaltung

Weniger Spektakuläres ist nach 25 Betriebsjahren von Winterdienst und Erhaltung zu berichten. Die Pyhrn Autobahn quert drei Alpenhauptkämme, dementsprechend können verschiedene Wetterlagen entlang der Strecke auftreten und sich lokale Wetterphänomene in einzelnen Beckenlagen oft beängstigend schnell bilden. Im Laufe der Jahre hat man da einige Erfahrungen gesammelt, und Sensoren in der Fahrbahndecke melden kommende Glatteisbildung in die Autobahnmeistereien. Doch dauert eine sofort begonnene Streuaktion eben eine gewisse Zeit und kann nicht überall gleichzeitig effektiv sein. Der Autofahrer hat beim Benützen einer Gebirgsautobahn seine eigene Beurteilung der Verhältnisse vorzunehmen. Auch mit dem Bezahlen einer Maut hat er, wie aus Gerichtsentscheidungen hervorgeht, keinen Anspruch auf einen zu jeder Zeit über die allgemeinen Pflichten des Straßenerhalters hinausgehenden Straßenzustand. Doch sind Bereitschaftsdienste nach Wetterprognosen und eine dem Streckenbereich entsprechende Geräteausrüstung selbstverständlich.

Um das Jahr 1988 wurde ein so genannter Drainasphalt auf Abschnitten eingesetzt. Man erwartete eine bessere Bodenhaftung der Räder bei regennasser Fahrbahn, da die offenen Poren die Aquaplaninggefahr reduzieren würden. Überdies erhoffte man sich von den in Versuchen festgestellten geringeren Rollgeräuschen eine Beruhigung für die Anrainer und das Vermeiden zusätzlicher Lärmschutzwände. Nach Ende des Haltbarkeitszyklus von 10 bis 12 Jahren wurde der Drainasphalt nicht wieder erneuert. Es hatte sich nämlich gezeigt, dass wegen der Poren präventiv schon viel früher Sole und Splitt aufgebracht werden mussten, manchmal nutzlos, wenn das befürchtete Wetter ausblieb. Die geschlossene Decke ermöglicht eine bessere Verteilung, die auch später erfolgen kann.

Bei der Streckenbetreuung kann es manchmal auch zu heiteren Ereignissen kommen. So erschien eines Morgens eine Dame mit Kind an der Hand in der Autobahnmeisterei und erkundigte sich, ob ein Zwergpudel gefunden wurde, er sei möglicherweise auf der Autobahn entlaufen. Die Autobahngendarmerie wurde verständigt, und man erkundigte sich über die Details.

Sie hatte, so berichtete die Dame, am Vorabend im Dunkeln auf einem Parkplatz das WC benützt, das Fehlen des Hundes aber erst zu Hause bemerkt. Man begann die Suche folgerichtig auf besagtem Parkplatz und wurde bald fündig. Der Pudel stand in der Sammelgrube auf den Fäkalien. Darüber befanden sich damals Container. So musste ein Autokran ausrücken und den Container hochheben, um den Hund bergen zu können.

Die ÖSAG ist derzeit für den Betrieb und die Erhaltung von 134,5 km der A 9 verantwortlich. Für diese Aufgabe stehen folgende Autobahnmeistereien und Winterdienststützpunkte zur Verfügung:

Guggenbach betreut die Abschnitte von Traboch bis Gratkorn-Süd – 45,4 km,

Kalwang betreut die Abschnitte von Treglwang bis Traboch – 35,5 km,

Ardning betreut die Abschnitte von St. Pankraz bis Treglwang – 53,6 km,

hinzu kommen nach der Eröffnung der Klauser Tunnelkette nochmals – 13,5 km,

sowie nach Fertigstellung des Bauloses Kirchdorf-Micheldorf weitere – 1,6 km,

Winterdienststützpunkte gibt es jeweils an den Nordportalen von Gleinalm- und Bosruck-Tunnel.

Von der Autobahnmeisterei Wels des Landes Oberösterreich werden betreut:

auf der A 9 der Abschnitt Voralpenkreuz bis Betriebsumkehr Micheldorf – 24,4 km

und u. a. der in diesem Buch beschriebene Abschnitt der A 8 bis Wels-West – 11,1 km

zusammen 35,5 km,

Wels betreut dazu noch längere Abschnitte auf A 1, A 8 und A 25.

Dazu kommt nach Fertigstellung der Baulose Kirchdorf und Micheldorf noch ein Winterdienststützpunkt bei der Betriebsumkehr Micheldorf.

*Winterdienstfahrzeuge der ABM Kalwang* mit Mannschaft, links die Einstellräume unter der Fahrbahn, rechts das Betriebsgebäude.

Vom Land Steiermark wird der Abschnitt ASt. Gratkorn-Süd bis Graz-Nord betreut – 0,9 km.

Die Streckenlänge von Wels-West bis Graz-Nord beträgt gerundet (Baukilometer) 186,0 km.

Die Überwachung der Tunnel ist unter der ÖSAG und dem Land OÖ aufgeteilt und in Gruppen zusammengefasst.

Von der Warte im Gleinalmtunnel erfolgt die Steuerung der Tunnel auf dem Schoberpass, Gleinalm- und Schartnerkogeltunnel, sowie der Doppeltunnel Gratkorn-Nord und -Süd.

Die Warte Bosrucktunnel ist für den Bereich von der Grünbrücke Hinterburg über die Klauser Tunnelkette, die Gruppe Lainberg, Bosruck- und Selzthaltunnel bis zur Unterflurtrasse Rottenmann zuständig.

Die Tunnelkette Wartberg, die Unterflurtrassen Tretter und Ottsdorf sowie der Kremsursprungtunnel der A 9, ferner die Unterflurtrassen Noitzmühle und Steinhaus der A 8 werden nach der Betriebsaufnahme von einer neuen Zentralwarte in der Autobahnmeisterei Wels überwacht.

Für den Winterdienst verfügt die ÖSAG über 19 LKWs sowie 3 UNIMOG mit Pflügen und Schleudern, die Autobahnmeisterei Wels über 12 LKWs und 3 UNIMOG mit allen Zusatzgeräten.

Aus dem umfangreichen Gerätepark für die Streckenaufsicht und Instandhaltung sind noch hervorzuheben:

je ein Brückeninspektionsgerät, die der ÖSAG und der Autobahnmeisterei Wels zur Verfügung stehen.

# 17
# Spurensuche zur Erdgeschichte – die Geologie der Pyhrnstrecke

*Verbindet man auf einer Landkarte die Städte Agram und Passau, so schneidet man durch den Alpenbogen an einer bemerkenswerten Stelle. Im Gesamtverlauf der Pyhrnstrecke sind fast alle in den Alpen vorkommenden Gesteinsarten und Felsformationen anzutreffen. Fügt man die so genannte „Pyhrska Cesta" hinzu, so werden auch Ausläufer der südlichen Kalkalpen an der Grenze zwischen Slowenien und Kroatien mit einigen kürzeren Straßentunneln durchörtert.*

*Im Verlauf des österreichischen Streckenabschnitts mussten 18 Tunnel – neun davon mit je zwei Röhren – bergmännisch durch die Alpen vorgetrieben werden.*

*Für die Geologen war das spannend, für die Bauingenieure die Verbindung Graz–Wels eine Herausforderung, für die Mineure eine harte und gefährliche Arbeit im stets wechselnden Gebirge. Von all dem bemerkt der Autofahrer heute nur mehr wenig. Doch lesen Sie selbst die Beschreibung aus der Feder eines der am Bau beteiligten Geologen. Tunnel vermehren auch so nebenbei unser Wissen über Ursprung und Werden unseres Planeten.*

**Dr. Walter Nowy,
Ingenieurkonsulent für technische Geologie i. R., Klosterneuburg**

Der Ostalpenbereich Österreichs ist durch eine Vielfalt sowohl geologischer als auch strukturgeologischer Formen gekennzeichnet. Von Norden her stößt mit den Ausläufern der Böhmischen Masse ein tief abgetragener Rumpf des Variszischen Gebirges bis südlich der Donau vor. Bis zum Erreichen der Nordalpenkette wird die weite Tiefebene durch das außeralpine Molassebecken eingenommen. Vor den nordalpinen Kalkgesteinsserien liegen Gesteine der Flyschzone sowie der Grestener Klippengesteine. Die kalkalpinen, innig verschuppten Gesteinsserien nehmen einen großen Bereich der Ostalpen ein, wobei die gesamten Schichten der Unter- bis Obertrias aufgeschlossen sind. Hierbei bilden die südlich der Kalkalpen entlang des Längstales der Mürz zutage tretenden Gesteine der Grauwackenzone mit ihrem paläozoischen Gesteinsserien die Unterlage der Kalkalpen. Es folgt die Zentralzone der Ostalpen, und zwar die altkristallinen, metamorphen Gesteinsserien des Zentralgneises. Die Gesteine des Grazer Paläozoikums bilden den Abschluss im südlichen Abschnitt der Ostalpen.

Überblicken wir dieses gewaltige Deckengebäude der Ostalpen als Ganzes, so liegen die einzelnen unterschiedlichen großtektonischen Deckensysteme übereinander gehäuft und zusammengeschoppt in einer Breite von annähernd 150 km vor. Deren ursprüngliche Ausdehnung betrug über 1000 km – großtektonische Einengungsprozesse wie Überschiebungen, Verfaltungen sowie Zusammenschuppungen führten zum heute wahrnehmbaren geologischen Aufbau der Ostalpen.

Durch diese geologische Mannigfaltigkeit führt eine der bedeutendsten Nord-Süd-Verkehrsverbindungen, die A 9 Pyhrn Autobahn mit ihren zahlreichen Tunnel- und Freilandabschnitten.

## Das Murtal aufwärts bis Friesach/Deutschfeistritz

Im Süden beginnt der insgesamt zirka 230 km lange Streckenabschnitt nach Bewältigung der Freilandstrecke bis Graz mit den beiden fast 10 km langen Autobahnröhren des Plabutschtunnels westlich des Grazer Stadtbereiches. Beide Tunnel liegen in den karbonatischen Sedimentationsabfolgen des Grazer Paläozoikums, die im Wesentlichen aus Dolomit und dolomitischen Sandsteinen aufgebaut sind. Um Klarheit über die zu erwartenden Gebirgs-, Verkarstungs- und Wasserverhältnisse zu bekommen, entschloss man sich zum Bau eines vorauseilenden Sondierstollens. Zusätzlich wurden zwei Pilotschächte mit Teufen von 240 m und 90 m in den Achsen der späteren Lüftungsschächte aufgefahren. Aufgrund des sensiblen Umfeldes wurde ein umfangreiches hydrogeologisches Beweisverfahren durchgeführt.

Auch die nördlich anschließenden seicht liegenden dreispurigen Autobahnröhren Gratkorntunnel Nord und Süd mit Ausbruchsquerschnitten von 112 bis 130 m$^2$ wurden in Gesteinen des Grazer Paläozoikums ausgebrochen. Hier wurden aber auch junge tertiäre Flussschotterablagerungen mit Einschaltungen von schluffigen Sandlagen und die Kalke und Schiefer des Grazer Paläozoikums angetroffen. Durch einen vorauseilenden Erkundungsstollen (Ulmenstollen) konnte weitgehend eine Klärung der strukturellen und geologischen Untergrundverhältnisse erreicht werden. Das zusätzliche Vorhandensein quellfähiger Tonminerale, vor allem in der tonigschluffigen Grundmasse, erzwang deren volle Berücksichtigung beim Vollausbruch.

## Die Querung der Gleinalm

Mit völlig anderen Problemen war man beim Bau des 1230 m langen Schartnerkogeltunnels

konfrontiert. Trotz geringer Überlagerung – sie betrug maximal 100 m – wurde vorweg beschlossen, dem Vollausbruch einen Richtstollen vorauseilen zu lassen. Mit Beginn der Ausbruchsarbeiten erzwang das äußerst schwierig aufzufahrende Gebirge in der Folge nicht nur die Umstellung von dem ursprünglich beabsichtigten Ausbruch eines Firststollens auf einen Kalottenausbruch, sondern bedingte auch im Laufe des Vortriebes eine mehrmalige Änderung des Ausbruchsquerschnittes und vor allem der Stützmaßnahmen. Die sehr ungünstigen geologischen Ausbruchsbedingungen ergaben sich vor allem durch Unterschiede in der petrografischen Zusammensetzung. So herrschten vorwiegend feinst geschieferte, dünnblättrig ausgebildete Grünschiefer mit Einschaltungen von Chloritschiefern, Serizitphylliten und Myloniten vor, in denen wasserempfindliche quellfähige Tonminerale wie Montmorillonit nachgewiesen wurden. Das tektonisch hochgradig und intensivst zerlegte Gebirge reagierte während des Spannungsumlagerungsprozesses in Form kleinster Teilbewegungen und Teilverschiebungen. Die Summe dieser Bewegungen drückte sich in relativ großen Konvergenzen aus.

Der nördlich anschließende über 8 km lange Gleinalmtunnel wurde als erster Autobahntunnel der A 9 bereits im Jahre 1973 aufgefahren. Ihm eilte sowohl von der Nord- als auch von der Südseite ein Erkundungsstollen voraus. Durch ihn war man rechtzeitig vor unliebsamen Überraschungen gewarnt und fand auch weitestgehend ein entwässertes Gebirge vor. Zudem führte die Vorentspannung des Gebirges beim Vollausbruch zu beachtlichen Sprengstoffeinsparungen und erbrachte auch spürbare Erleichterungen bei der Bewetterung. Die angetroffenen kristallinen Gesteine, die Teil des ostalpinen Altkristallins sind, stellen eine Wech-

*Schartnerkogeltunnel:* Überfirstungs-
arbeiten im Kalottenausbruchsprofil

selserie von hellen Plagioklasgneisen und dunk-
len Amphyboliten dar. Die Entstehung und Bil-
dung der Gleinalmgesteine – eine betont vulka-
nogene Wechselserie von saurem und basi-
schem Material – erfolgte vor zirka 500 Mill.
Jahren. Während dieses vulkanogenen Prozes-
ses kam es auch zur Einschaltung von Tuffen,
Sedimentmaterial und granitischen Lagen. Die
ausgebildeten Gesteinsserien wurden einem intensiven Faltungs- und Deformationsprozess
unterworfen.

### Entlang des Liesing- und des Paltentales (Schoberpass)

Die anschließende geologische Großeinheit – die
Grauwackenzone – weist in diesem Teil Österreichs die größte Breite auf. Sie ist ein markan-
ter Streifen zwischen den kristallinen Gesteinen
der zentralen Ostalpen und den Karbonatgestei-
nen der Nördlichen Kalkalpen. Der gesamte
Freilandabschnitt von St. Michael bis zum Ennstal sowie der Vortrieb in den beiden Autobahnröhren des Tunnels Wald und des Pretaller-

kogeltunnels mussten die schwach metamorphen, überwiegend phyllitischen Gesteine bewältigen. Diese zum größten Teil aus paläozoischen Sedimenten und Vulkanen hervorgegan-
genen Gesteinsserien sind älter als die kalkalpinen Gesteine. Die nördlich gelegenen Kalkalpen
sind über diese Gesteine der Grauwackenzone
(„Norische und Veitscher Decke" sowie die Ran-
nachserie im Süden) überschoben worden,
wodurch in dieser geologischen Einheit zahlreiche Überschiebungsbahnen und Teildecken
mit mächtigen Scherzonen vorliegen.
Ebenfalls in Gesteinen der Grauwackenzone
wurden die beiden Autobahnröhren des
Selzthaltunnels aufgefahren. Die angetroffenen
Gesteine, die unmittelbar südlich des Ennstales
verlaufen, bestehen ebenfalls im Wesentlichen
aus Phylliten und Grünschiefergesteinen. Zahlreiche tonig aufbearbeitete Störungszonen be-
gleiten die technisch sehr minderwertigen Gesteinsserien. Insbesondere in den beiden nördlichen Portalbereichen mussten großräumige
Massenbewegungskörper berücksichtigt und
durch aufwändige technische Maßnahmen bewältigt werden.

### Die Querung des Bosruckmassivs

Nach Überquerung des Ennstales östlich von
Liezen verläuft die Trasse in den Gesteinsserien
der Nördlichen Kalkalpen. Der nördlich des
Ennstales gelegene 5,5 km lange Bosrucktunnel
liegt bereits in den Werfener Schiefern mit ein-
geschuppten Haselgebirgsspänen und -schol-
len, welche die Basis der nachfolgenden karbonatischen Gesteinsserien bilden. Ausschlagge-
bend dafür, auch hier einen Sondierstollen vorauseilen zu lassen, waren die überlieferten
Bauschwierigkeiten des unmittelbar benachbarten Eisenbahntunnels. Die Aufzeichnungen berichteten von katastrophalen Karstwasserein-

***Bosruckerkundungsstollen:*** *Vortrieb im Haselgebirge*

Gips, Magnesit, Feldspat und Salz zusammensetzt. In dieser Grundmasse sind deutlich gerundete und in ihrer Größe variierende Gesteinskomponenten und -schollen eingebettet, die aus Siltsteinen, Quarzit- und Tonschiefer der Werfener Serie sowie aus Dolomit, Gemengen von Dolomit und Anhydrit, Mergelton, Tonen bzw. Gipsschollen bestehen. Die unangenehme Eigenschaft dieser fein zerriebenen und von Gips- und Anhydritäderchen durchzogenen Grundmasse besteht nämlich darin, dass unter bestimmten Voraussetzungen bereits durch Änderung des Wassergehaltes oder der Luftfeuchtigkeit Quellvorgänge ausgelöst werden können, die eine wesentliche Oberflächenvergrößerung zur Folge haben.

Während des Vortriebes verhielt sich das Haselgebirge zunächst mehr oder weniger standfest. Die Gebirgsreaktionen wurden erst nach längerer Zeit spürbar, sind bis heute nicht abgeklungen und erfordern immer wieder eine Verstärkung der Ausbauten.

Trotz der Nähe des Eisenbahntunnels konnte erst der Erkundungsstollen den strukturellen Aufbau der tektonisch wesentlich komplizierteren Untergrundverhältnisse als ursprünglich angenommen klären und stellte damit für den Ausbruch des Vollquerschnittes einen unschätzbaren Vorteil dar. Dies auch deshalb, da – abgesehen von der Klärung der entscheidenden Wasser- und Gasfrage sowie des unbekannten Ausbruchsverhaltens des Haselgebirges bei einem so großen Ausbruchsquerschnitt – die aufgefahrenen, oftmals wechselnden Gesteinsserien mit ihren spezifischen Merkmalen lückenlos und bis in das Detail erfasst werden konnten. Der beigefügte detaillierte Längenschnitt gibt Einblick in die komplexen geologischen Untergrundverhältnisse entlang des Bosrucktunnels.

brüchen und Stollenverbrüchen sowie einer Methangasexplosion, die neben mehrmonatiger Bauunterbrechung 16 Menschenleben forderte. Durch den mittig der beiden vorgesehenen Vollausbruchsröhren gelegenen Sondierstollen, der später die Funktion eines Lüftungstunnels mit 35 qm und eines Entwässerungsstollens im Minimalquerschnitt übernahm, erhoffte man sich eine Vorentwässerung und Vorentgasung des umliegenden Gebirgshohlraumes, sodass der nachfolgende Vollausbruch mit seinen statisch ungünstigeren großen Gewölbespannweiten bereits in trockenerem Gebirge und unter reduzierten Kluft- und Porenwasserdrücken ausgeführt werden konnte.

Ein weiterer sehr wesentlicher Gesichtspunkt war auch die große Schwierigkeit, die Verteilung und Konsistenz sowie das Verhalten des Haselgebirges richtig zu prognostizieren. Das Haselgebirge besteht nämlich aus einer tonig bis feinsandig zerriebenen Grundmasse, die sich aus den Hauptmineralien Chlorit, Glimmer und Quarz sowie den Nebengemengteilen Anhydrit,

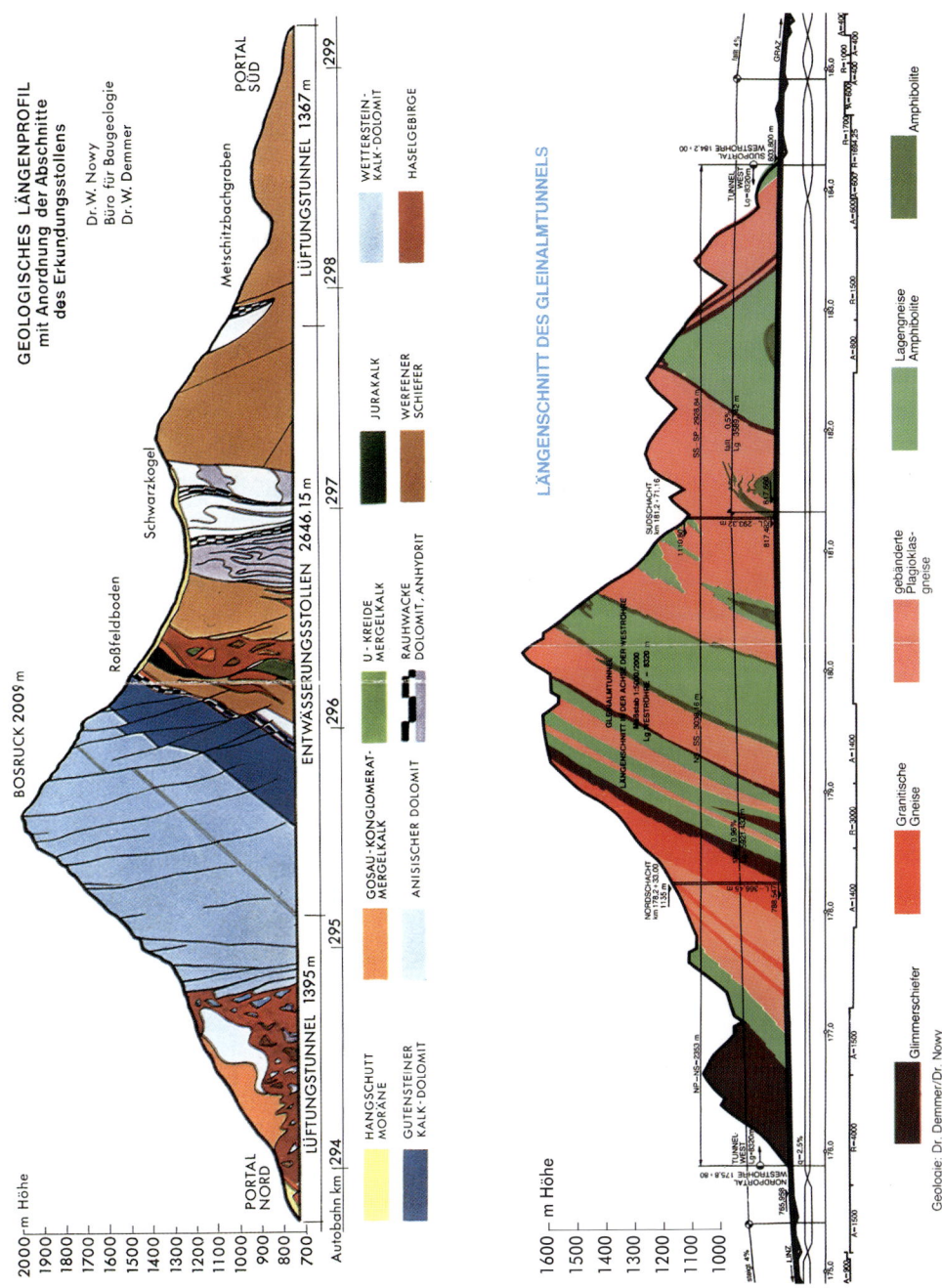

*Geologische Längenschnitte* von Bosrucktunnel (5550 m) und Gleinalmtunnel (8320 m).

## Von Windischgarsten ins Tal der Traun

Die Tunnelkette Klaus betrifft den nördlichen Abschnitt der A 9 bis zum Knoten Voralpenkreuz A 1/A 9. Sie durchquert von Norden nach Süden zunehmend höhere Deckeneinheiten der Nördlichen Kalkalpen. Von Kienberg bis zum Speringtunnel reicht die Reichraminger Decke, daran schließt die Staufen-Höllengebirgsdecke. Unten diesem kalkalpinen Sedimentstapel lagern die penninischen Sedimente, die am Nordrand den Kalkalpen als Flyschzone vorgelagert sind. Im Bereich um Windischgarsten sind die Sedimentstapel der Flyschzone durch jüngere Bewegungsvorgänge hochgeschleppt und in mehreren tektonischen Fenstern aufgeschlossen. Bei den angetroffenen Gesteinen handelt es sich im Wesentlichen um Hauptdolomit, der überwiegend kleinstückig zerbrochen und durch kalzitische Substanz wieder verheilt ist. Zusätzlich zeigt sich die tektonische Beanspruchung der Steine in einer starken Zerlegung.

Die Schotterablagerungen im Steyrtal, die teilweise mit den Tunneln zu durchörtern waren, sind als Terrassenablagerungen der Würm-Eiszeit zu sehen. Nach dem Gletscherrückzug bildeten sich Abrinnsysteme mit gemischtkörnigen, vorwiegend kantigen Schottern oder mit tonig-schluffigen Sedimenten. Dabei kam es auch zu Bildungen von torfreichen Lagen, wie etwa im Bereich des Kienbergnordportals.

Als jüngste Ablagerungen waren mächtige Hangschuttbildungen anzutreffen, die sich vorwiegend aus verwittertem Hauptdolomit zusammensetzen. Innerhalb dieser Schuttfächer wurden als bevorzugte Gleithorizonte des Lockergesteins mehrere stärkere Verwitterungshorizonte (Paläobodenbildung) beobachtet, die im Klauser Tunnel zu durchörtern waren.

## Typische Tunnelprofile – Doppelröhren

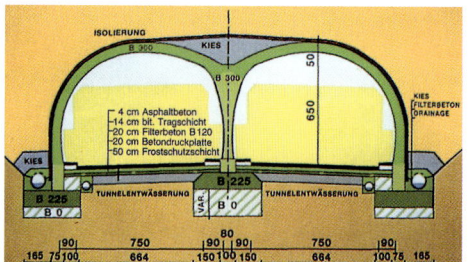

*Regelquerschnitt Tunnel Wartberg I–III, überdeckt und rekultiviert.*

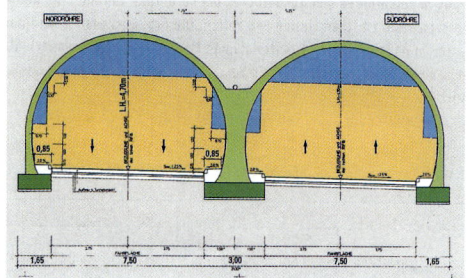

*Regelquerschnitt Tunnel Wald/Schoberpass bergmännisch vorgetrieben.*

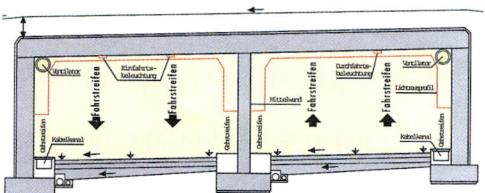

*Typische Regelquerschnitte für Unterflurtrassen, überdeckt und rekultiviert.*

Literatur zum Plabutschtunnel, zu den Tunneln Gratkorn-Nord und -Süd, Schartnerkogel, Gleinalm und Bosruck, Wald und Pretallerkogel und zur Klauser Tunnelkette, siehe Literaturverzeichnis.

# Typische Tunnelprofile – Einzelröhren

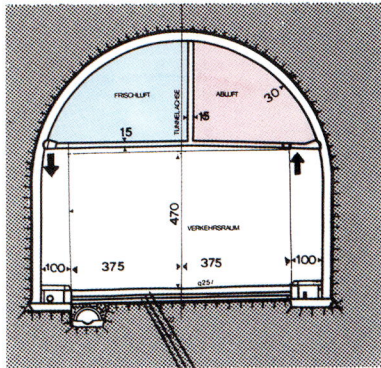

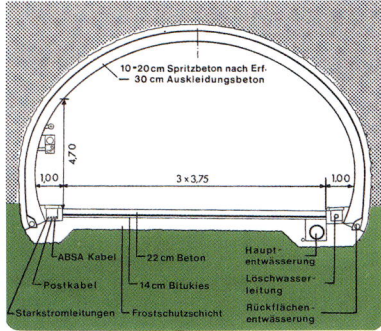

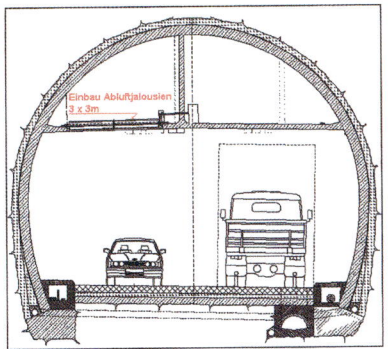

*Oben: Gleinalmtunnel Weströhre, Ausbruchs-
querschnitt 81 m²*
*Mitte: Gratkorntunnel-Nord und -Süd,
je zwei Röhren, Ausbruchsquerschnitt 129 m²*
*Unten: Bosrucktunnel Oströhre, Ausbruchs-
querschnitt 107 m²*

**Tunnelisolierung.** *Anfänglich wurden die mit
Doppelnähten versehenen Kunststoffbahnen
nur in begrenzten Bereichen zwischen Fels
und Betonring eingelegt. Da dies zu Problemen bei den Übergängen führte, stattete man
später die Tunnel mit durchgehender Isolierung gegen Tunnelwässer aus.*

# Typische Tunnelprofile – Einzelröhren

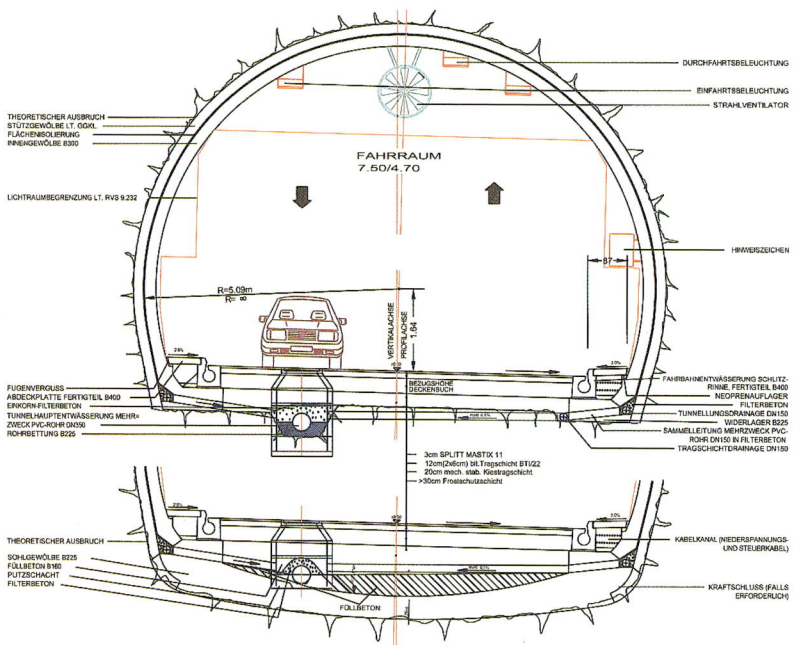

*Lainbergtunnel und Klauser Tunnelkette, jeweils Weströhre ausgebaut,*
*Ausbruchsquerschnitt ohne Sohlgewölbe 68 m², mit Sohlgewölbe 78 m².*

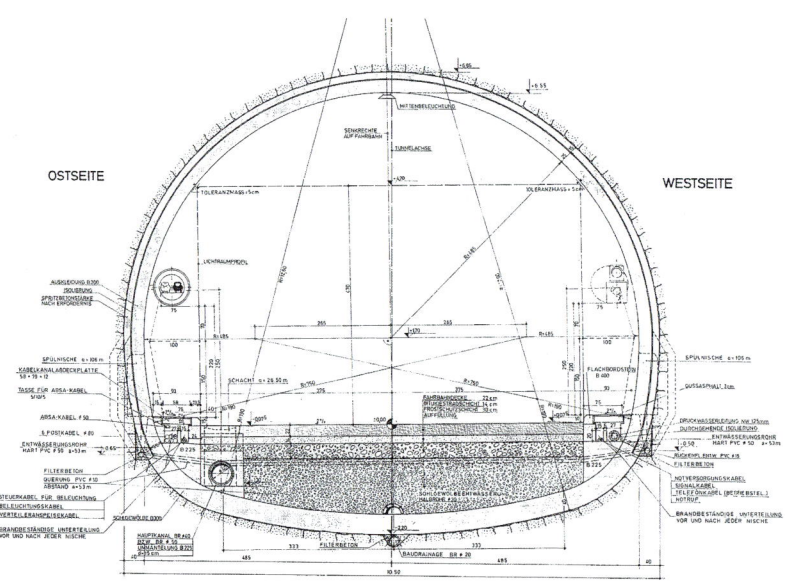

*Regelprofil des Selzthaltunnels, beide Röhren ausgebaut, Ausbruchsquerschnitt 79 m².*

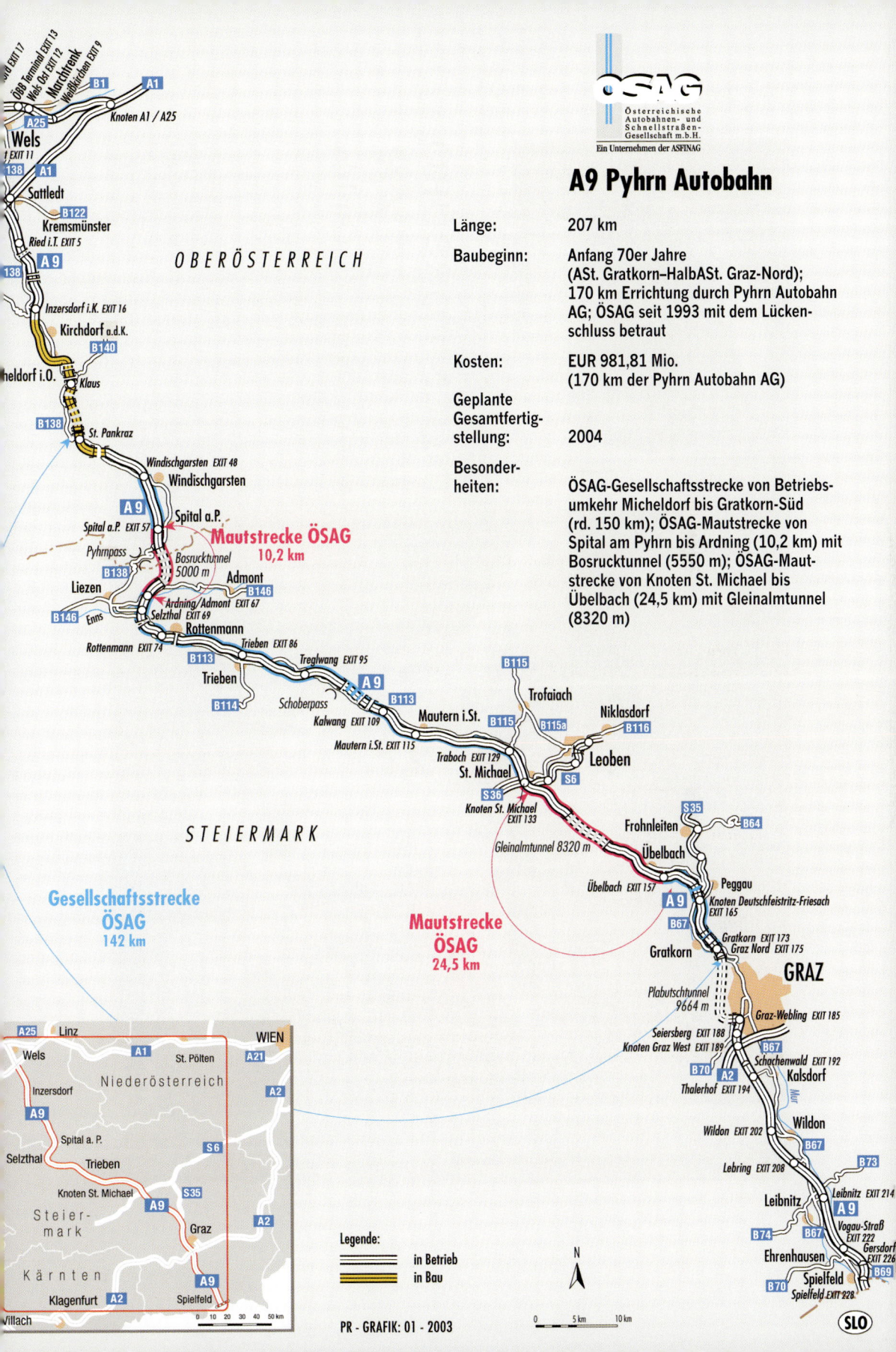

## A9 Pyhrn Autobahn

| | |
|---|---|
| **Länge:** | 207 km |
| **Baubeginn:** | Anfang 70er Jahre (ASt. Gratkorn–HalbASt. Graz-Nord); 170 km Errichtung durch Pyhrn Autobahn AG; ÖSAG seit 1993 mit dem Lückenschluss betraut |
| **Kosten:** | EUR 981,81 Mio. (170 km der Pyhrn Autobahn AG) |
| **Geplante Gesamtfertigstellung:** | 2004 |
| **Besonderheiten:** | ÖSAG-Gesellschaftsstrecke von Betriebsumkehr Micheldorf bis Gratkorn-Süd (rd. 150 km); ÖSAG-Mautstrecke von Spital am Pyhrn bis Ardning (10,2 km) mit Bosrucktunnel (5550 m); ÖSAG-Mautstrecke von Knoten St. Michael bis Übelbach (24,5 km) mit Gleinalmtunnel (8320 m) |

**Mautstrecke ÖSAG** 10,2 km

**Mautstrecke ÖSAG** 24,5 km

**Gesellschaftsstrecke ÖSAG** 142 km

OBERÖSTERREICH

STEIERMARK

Legende:
in Betrieb
in Bau

PR - GRAFIK: 01 - 2003

**GESAMTPLANUNG**

**TUNNELKETTE "SCHÖN - LAINBERG NORD"**

KREMSURSPRUNGTUNNEL
KIENBERGTUNNEL
HUNGERBICHLTUNNEL
KLAUSERTUNNEL
TRAUNFRIEDTUNNEL
SPERINGTUNNEL
FALKENSTEINTUNNEL
KRENNGRABENTUNNEL
GSCHWENDNERBERGTUNNEL
ST. PANKRAZER TUNNEL

## Frequenzen und Mauteinnahmen von 1978 bis 2002

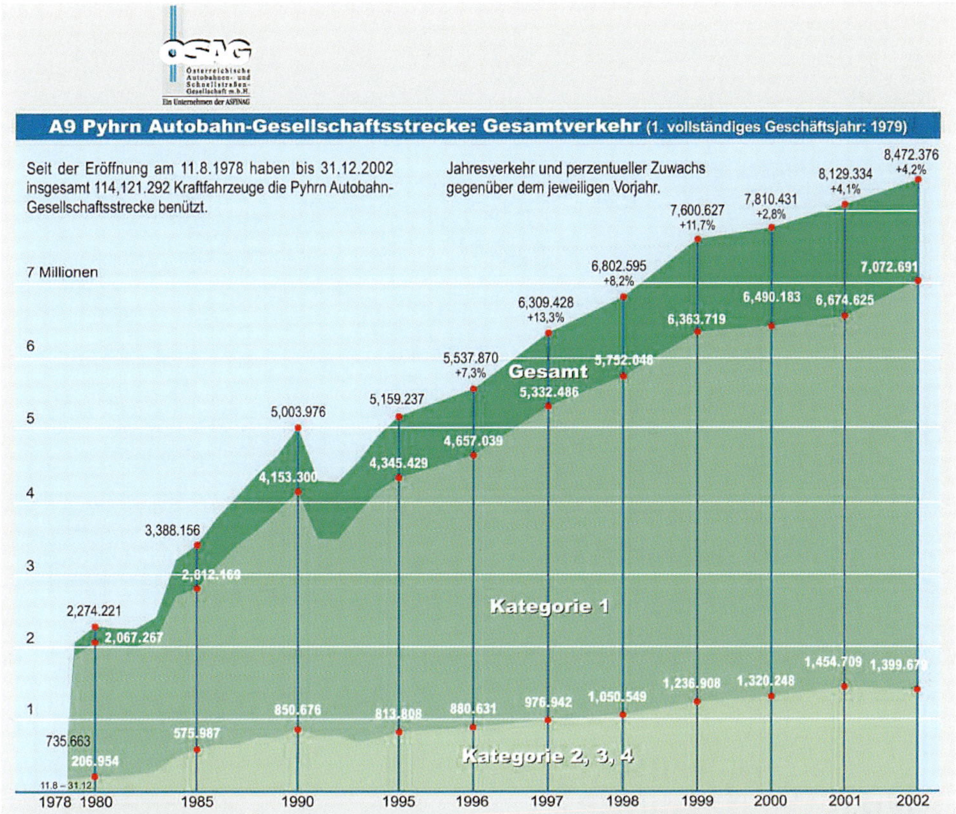

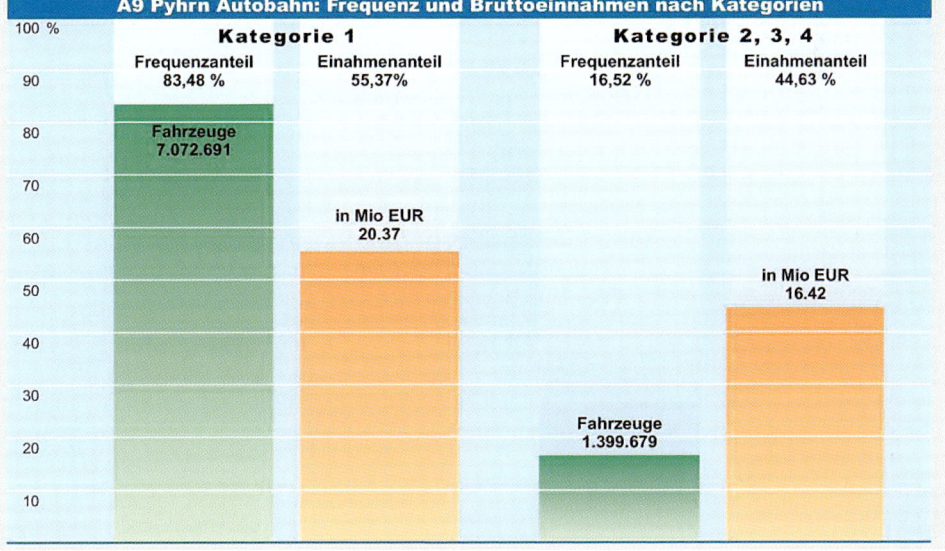

A9 Pyhrn Autobahn-Gesellschaftsstrecke: Gesamtverkehr (1. vollständiges Geschäftsjahr: 1979)
Seit der Eröffnung am 11.8.1978 haben bis 31.12.2002 insgesamt 114,121.292 Kraftfahrzeuge die Pyhrn Autobahn-Gesellschaftsstrecke benützt.
Jahresverkehr und perzentueller Zuwachs gegenüber dem jeweiligen Vorjahr.
7 Millionen
6
5
4
3
2
1
Gesamt
Kategorie 1
Kategorie 2, 3, 4
735.663
206.954
11.8 – 31.12
2,274.221
2,067.267
3,388.156
2,812.169
575.987
5,003.976
4,153.300
850.676
5,159.237
4,345.429
813.808
5,537.870
+7,3%
4,657.039
880.631
6,309.428
+13,3%
5,332.486
976.942
6,802.595
+8,2%
5,752.046
1,050.549
7,600.627
+11,7%
6,363.719
1,236.908
7,810.431
+2,8%
6,490.183
1,320.248
8,129.334
+4,1%
6,674.625
1,454.709
8,472.376
+4,2%
7,072.691
1,399.679
1978 1980
1985
1990
1995
1996
1997
1998
1999
2000
2001
2002

A9 Pyhrn Autobahn: Frequenz und Bruttoeinnahmen nach Kategorien
100 %
90
80
70
60
50
40
30
20
10
Kategorie 1
Frequenzanteil
83,48 %
Einahmenanteil
55,37%
Fahrzeuge
7.072.691
in Mio EUR
20.37
Kategorie 2, 3, 4
Frequenzanteil
16,52 %
Einahmenanteil
44,63 %
Fahrzeuge
1.399.679
in Mio EUR
16.42

## Unsere Pyhrnautobahn-Baustellen:

Baulos "Bosrucktunnel Süd"
Baulos "Anschluß Selzthal"
Baulos "Rottenmann"
Baulos "Trieben"
Baulos "Spital am Pyhrn"
Baulos "Gaishorn Wald am Schoberpaß"
Baulos "Schoberpaß-Tunnel"
Baulos "St. Pankraz"
Baulos "Knoten Klaus"
Baulos "Ottsdorf"
Baulos "Kirchdorf"

# 18
## Der Pyhrnpass – Geschichte und Bedeutung

*Pyhrn/Pyhrnpass-Bundesstraße/*
*Pyhrn Autobahn.*
*Woher stammt das Wort pyhrn,*
*welche Rolle spielte der Pass*
*in der Geschichte?*

**Das Marterl an Arlingsattel** *zwischen Bosruck und Großem Pyhrgas (2244 m) erinnert an einen alten Wallfahrerweg vom Oberlauf der Steyr nach Frauenberg im Ennstal. Die äußerst gebräche Südwand des Bosruckgipfels (2009 m) im Hintergrund war eine Warnung an Ingenieure und Mineure, mit welchen Schwierigkeiten sie beim Vortrieb rechnen mussten.*

Im Museum von Spital am Pyhrn ist ein Felsbild ausgestellt, das aus der Gamssulzenhöhle ober dem Gleinkersee stammt und als Zeugnis für die altsteinzeitliche Besiedlung des Raumes gilt. Weitere Funde aus dem Beckenboden um Windischgarsten belegen, dass der Pyhrnübergang schon in der Jungsteinzeit als geeigneter Nord-Süd-Weg bekannt war.

In der Bronzezeit verschob sich die Grenze der landwirtschaftlich genutzten Flächen weiter vom Vorland ins Gebirge. Der Pyhrnpass wurde zu einem der wichtigsten Übergänge der Kalkalpen. Die Funde an dieser Straße sind dementsprechend reichhaltig.

Ein Rückschlag trat durch das Aufblühen des Salzbergbaues in Hallstatt ein, weil damit eine Verschiebung auf die Traun- und Ennslinie verbunden war. Erst der Einbruch der Kelten in der Bronzezeit und ihre Handelsniederlassungen gaben dem Pyhrnweg wieder seine Bedeutung zurück. Etwa an der Stelle Liezens vermutet man eine Siedlung „Ernolatia" (keltisch: Fluss in einem Sumpfland) und bei Windischgarsten „Gabromagus" (keltisch: Bocksfeld). Für den Keltenstaat Noricum war die Handelsroute über Neumarkter Sattel, Triebener Tauern und Pyhrn die Hauptachse in den Donauraum.

Strategische Ziele zwangen dann die Römer, die „Via Norica" auszubauen. Auf dieser Strecke gingen die Kurierreisen, Truppenverschiebungen und der Fernhandel vor sich. Dabei benütz-

ten die Römer vorrömische Hohlwege wie zum Beispiel auf der Nordseite des Pyhrn. Die ausgebaute Straße, die stellenweise noch heute die unterste Schicht der Pyhrn-Bundesstraße bildet, erreichte eine Breite von 1,80 Metern. Poststationen und Raststätten wurden neben den keltischen Siedlungen errichtet. Um den Pferden die Bewältigung des Hohlweges von Norden zu erleichtern, band man um die Pferdehufe so genannte Hipposandalen.

Diokletian nahm seine Truppen aus dem Norden zurück und verteidigte sein Reich vorerst an der Enge Strechau–Selzthal. In der Gegend der heutigen Selzthaltunnel lag also eine Zeit lang die Grenze des Römischen Reiches.

*Der so genannte Pflegerturm* aus dem 13. Jahrhundert am Nordfuß des Pyhrnpasses diente im Mittelalter als Wohnhaus für Straßeneinräumer und Grenzwächter.

Münzfunde weisen darauf hin, dass der Pyhrnpass auch in der Zeit der Völkerwanderung benützt wurde. So diente er unter anderen auch den Markomannen als Einfallstor nach Italien. Die römische Reichsstraße Aquileja–Ovilava (Wels)–Lauriacum (Enns), die gut ausgebaut war, blieb aber auch weiterhin die wichtigste Verbindung zwischen dem damaligen Hauptverkehrsweg Donau und den inneralpinen Becken.

Nach der Eroberung von Sirmium (582 n. Chr.) war der Weg für die Balkanslawen ins Alpengebiet frei. Die Namen Liezen und Windischgarsten weisen auf slawische Besiedlung hin. Die Wurzel des Namens Pyhrn ist umstritten. 1146

n. Chr. ist er als PIRDINE in Dokumenten zu finden. Nach manchen Quellen wird er vom slowenischen „prdo", was Gegend am Bergeck heißt, abgeleitet. Nach einer anderen Quelle ist das Wort „PYHR" keltisch für Hügel, Berg. Mit einiger Wahrscheinlichkeit dürften die Slowenen zwischen 592 und 630 n. Chr. über den Pyhrn gekommen sein und als Bauern jene Region rekultiviert haben, die schon in römischer Zeit Kulturland gewesen war.

Das achte Jahrhundert brachte durch die Gründung der Bistümer Salzburg und Passau, des Klosters Kremsmünster (777 n. Chr.) und das Vordringen der Bayern vom Alpenvorland in die Alpen wichtige Veränderungen, die die folgenden Jahrhunderte bestimmten. Während das Ennstal bereits bayerisch war, konnten sich die Slawen nördlich des Pyhrns noch länger halten. Der Pyhrn war also erstmals eine Grenze. Mit diesem Vordringen der bayerischen Besiedlung ging auch die Christianisierung einher, und hier wiederum standen sich die Einflussbereiche der Bistümer Salzburg und Passau an der Pyhrngrenze gegenüber.

Auf diese Konfrontation geht die erst im 20. Jahrhundert entschiedene Grenzziehung zwischen Oberösterreich und der Steiermark, die lange umstritten war, zurück. Zwei heute noch bestehende Bauwerke zeugen von den wechselnden Eigentumsverhältnissen: Der Anfang des 13. Jahrhunderts erbaute Pflegerturm (untere Klause) auf der Nordseite des Passes vor der ersten Steigung (in der Nähe des Parkplatzes zur Wurzeralm-Seilbahn) bildete die Landesgrenze, bis im Jahre 1467 die obere Klause (ober der Straße an der Passhöhe) durch das Hospiz am Pyhrn errichtet wurde.

Das durch das Ennstal vordringende Erzbistum Salzburg gründet 1074 das Benediktinerkloster Admont. Diese Abtei wurde zum kulturellen Mittelpunkt der Obersteiermark. Die Stiftsbibliothek gehört zu den größten Klosterbibliotheken der Welt.

Die Nordseite des Pyhrn war an das im Jahre 1007 gegründete Bistum Bamberg gefallen. Um 1150 war an der Römerstraße zwischen Windischgarsten und Spital am Pyhrn eine Unterkunftsstätte für den zunehmenden Pilgerverkehr nach Rom gegründet worden. Die Notwendigkeit für dieses Hospiz beweist jedenfalls, daß bereits ein reger Verkehr über den Pass herrschte.

Während der ersten Hälfte des 12. Jahrhunderts blühte auch der Fernhandel stark auf. Der Pyhrnpass ist die kürzeste Verbindung zwischen dem böhmischen Becken und Venedig. Seidenstoffe, Stickereien, Glas, Gewürze, Süßwein, Öl, Barchent und landwirtschaftliche Produkte wurden über den Pass gefahren. Die Mautstellen befanden sich in Klaus und Rottenmann.

Otto II., Bischof von Bamberg, lässt um 1190 das Hospiz neu errichten und verlegt es näher an den „Pührn" am Zusammenfluss von Trattenbach und Teichl. Etwa zur gleichen Zeit wurden mit dem Georgenberger Vertrag vom 17. August 1186, der 1191 wirksam wurde, Österreich und die Steiermark in den Händen der Babenberger vereinigt.

Mit dem Tod des letzten Babenbergers Friedrich des Streitbaren im Jahre 1246 brachen Auseinandersetzungen um das Erbe aus. 1251 wurde der Pass wieder Grenze zwischen den Einflussbereichen Böhmens und Ungarns. Im Frieden von Ofen 1254 (Ottokar II. Premysl, König von Böhmen, und Bela IV., König von Ungarn) erfolgte die Trennung. Die mit der Ungarnherrschaft unzufriedenen steirischen Adeligen trieben jedoch schon Ende 1259 die Ungarn aus dem Lande und anerkannten ebenfalls die Oberhoheit Ottokars. Die Grenze fiel also schnell wieder. In Ottokars Reich konnten die Händler nun ungehindert wieder von Böhmen bis zur Adria reisen, und die Pyhrnroute erlebte eine neue Blüte.

Doch schon im Jahre 1276 musste Ottokar Österreich und die Steiermark an Rudolf von Habsburg abtreten. Nach seinem endgültigen Sieg über den Böhmenkönig 1278 tritt Rudolf von Habsburg eine zirka einjährige Reise durch die ihm zugefallenen Lande an, um die Huldigungen der Städte und Klöster entgegenzunehmen. Er kommt dabei von Judenburg nach Admont, wo er vom Abt begrüßt und ihm die Weiterreise nach Innerösterreich über den Pyhrn empfohlen wird, obwohl gerade Winter herrscht. Ein Beweis, daß damals schon die Straße als gut ausgebaut galt.

Mit dem Ende der Kreuzzüge und der Verlegung des Papstsitzes nach Avignon verliert der Pyhrnpass einiges am Bedeutung als Pilgerweg nach Rom. 1370 setzen die Städte Enns, Linz, Wels, Gmunden und Freistadt beim Kaiser durch, dass sie allein für ihren Handel den Pass benützen dürfen; andere Städte müssen die Route über Admont–Altenmarkt (Buchauer Sattel) benützen und in Zeyring Maut zahlen. Die Wegerhaltungspflicht war geregelt. Um die Brücken im Garstental über Pießling, Steyrling, Gradau und Steyr hatten sich die Gemeinde Spital und die jeweiligen Herrschaften zu kümmern, für Sicherheit und Strafen war nach einer Urkunde aus dem Jahre 1498 der Pfleger von Klaus zuständig.

Kaiser Maximilian I. verbot 1523 sodann überhaupt den freien Handel über diesen Pass, der damals sein Hauptgewicht auf den lokalen Erztransporten hatte, und bewirkte damit die endgültige Verlagerung des Fernhandels auf die Salzburger Pässe.

In den Bauernkriegen kam es mehrfach zu Besetzungen und Verschanzungen an der Passhöhe. Die Äbte von Admont erhielten wiederholt die Weisung, Kundschafter auszusenden und den Pass zu sperren. Erst das Ende des Dreißigjährigen Krieges ließ das Pyhrnpassgebiet für Jahrhunderte zur Ruhe kommen.

Im 16. Jahrhundert wurde für die Sensenschmieden im Raum Windischgarsten und Spital Rottenmanner Eisen verwendet. Die erste Sensenschmiedezunft von 1595 bestand aus einer Handwerksvereinigung nördlich und südlich des Pyhrn. Um die Menge des transportierten Eisens zu kontrollieren, wurde in Liezen eine Mautstelle errichtet. 1670 wurde festgestellt, dass jährlich 7185 Zentner unrechtmäßig über

den Pyhrn kamen und dadurch dem Kaiser 107.775 Gulden an Mautgeldern entgangen waren. Um die offenkundige Mautflucht zu verhindern, wurde daher 1671 in Spital am Pyhrn eine weitere Mautstelle errichtet.

Bei Regierungsantritt Maria Theresias 1740 brachen Streitigkeiten um die Erbfolge aus. Karl Albrecht von Bayern erhob Ansprüche auf den Traungau und drang in Oberösterreich ein. 1741 war daher der Pyhrnpass von einer Maria-Theresianischen Truppe besetzt. Der spätere Admonter Abt Matthäus Ofner richtete als Feldkaplan „im Waldesschatten auf einem Felsblock stehend, sein zündendes Wort an die Krieger".

1743 fand die endgültige Verlegung der Grenzmaut von Klaus nach Windischgarsten statt. Über den Pyhrnpass wurden häufig folgende Waren transportiert: Roßhaar, Schafwolle, Tabak, Seide, Schwefel, Spezereien, Eisengeschmeidewaren, Sensen und Sicheln, Roheisen, Leinen, Tücher und nicht zuletzt die bekannten grünen Hüte aus Windischgarsten. Dort zählten über zehn Fuhrleute zur wohlhabenden Bürgerschicht. In Liezen und Henneweng (die spätere Ortschaft Pyhrn) verdienten die Bewohner bis zum Beginn des Eisenbahnzeitalters viel an Gastgewerbe, Fuhrwerk und Vorspann über den Pass.

Durch die Jahrhunderte zieht sich der Streit um die Festlegung der Grenzen, meist wegen der damit verbundenen Rechte des Hirsch- und Gemsgejaids. Im neunten Jahrhundert gehörte auch der Nordabfall bis zur Talenge des Schatzsteines zur Steiermark. Die Gründung des Spitals verschob die Besitzgrenze auf die Passhöhe und später über den ganzen Pyhrnpass. Nach den Bauernkriegen lag sie bereits etwa wie heute am Hasseck. Auch die Franzosenkriege sehen im Jahre 1909 Bewegungen über den Pass. Die Verteidiger des Buchauer Sattels (2000 Mann) müssen sich nach Admont zurückziehen, wo sie am

28. Mai 1809 von den Franzosen entwaffnet werden. Die Franzosen nehmen auch die zwei Kanonen des Stiftes mit und geben sie nie mehr zurück. Am 10. Juli marschiert der französische General Rousca mit 4000 Mann über den Pyhrn. Die im Jahre 1868 eröffnete Rudolfsbahn (Linie Amstetten–Hieflau–Selzthal–Schoberpass–Klagenfurt) umfuhr die Pyhrnlinie und leitete den Zusammenbruch der Sensenindustrie ein. Zur Wiederbelebung des Gebietes schien der Frachtverkehr über den Pyhrn notwendig. Die ursprünglich projektierte Verbindung Windischgarsten–Liezen mit einem 6,8 km langen Zahnradbahnabschnitt über den Pass kam nicht zustande. Der Bau des Bosruck–Eisenbahntunnels 1903–1906 und die damit verbundene Aufwertung Selzthals als Eisenbahnknotenpunkt ließen den Ort Liezen und den Pass in eine Schattenlage treten. Die gesamte Passlandschaft wurde aufgeforstet; zwei große Sägewerke beiderseits des Pyhrnpasses nahmen einen Aufschwung.

In der neueren Geschichte erlebte der Pass einige Bedeutung durch die Besetzung am 13. September 1931 durch die Heimwehr beim so genannten „Pfriemer Putsch".

Am 26. Juli 1934 erstürmte das Bundesheer in zwei Kolonnen die Passhöhe gegen die dort verschanzten Nationalsozialisten. Bei den Gefechten beklagte das Bundesheer zwei Tote und neun Schwerverletzte. Die Putschisten ließen 14 Tote auf dem Pass zurück.

Im Jahre 1945 war der Pyhrn kurzzeitig wieder Grenze, und zwar vom Waffenstillstand bis zum Inkrafttreten des Kontrollabkommens zwischen den Truppen der USA und der UdSSR.

Erst 1960 wurde die Bundesstraße über die Passstrecke ausgebaut und neu gestaltet. Das Bundesstraßengesetz 1971 legte die Bundesautobahn A 9 unter der Bezeichnung „Pyhrn Autobahn" für die Strecke Sattledt bis Spielfeld fest.

Dies ist die gekürzte und gestraffte Version eines 1983 vom Autor verfassten Beitrages zum Buch „Straße durch den Bosruck".
Die historischen Daten stammen aus folgenden Quellen:
Bibliothek des Stiftes Admont.
KRAWARIK: Die historische Bedeutung des Pyhrnpaßes.
Haus-, Hof- und Staatsarchiv Wien.
KRIEGEL: Orts- und Siedlungsnamen OÖ.
Urkundenbuch des Landes ob der Enns, Band II.
MUCHAR: Geschichte der Steiermark.
DERINGER: Die röm. Reichsstraße Aquileja Lauriacum.
PIRCHEGGER: Aus Liezens Vergangenheit.
DIRNGRABNER: Die Herrschaft Klaus.
POPELKA: Die Alpenstraßen im Mittelalter.
GRADAUER: Spital am Pyhrn.
WICHNER: Geschichte des Benediktinerstiftes Admont.

# Dr. Walter NOWY Ziviltechniker GesmbH

*Gutachten, Beratungen*　　*INGENIEURGEOLOGIE*
*Erkundungen, Dokumentationen*　　*GEOTECHNIK*
*Beweissicherung, Aufsicht*　　*HYDROGEOLOGIE*
*Planungen, UVE*　　*GEOINFORMATION*

3400 KLOSTERNEUBURG; Hermannstraße 4
Tel.: 02243/22235-0, Fax: 02243/22235-21
nowy.ztgeo@netway.at
www.nowy-ztgeo.at

# 19
# Zwei Porträts

*Am Anfang der Gleinalm-Autobahn
Gesellschaft standen zwei Männer:
Dipl.-Ing. Otto Lütgendorf und
Dr. Karl Maitz.*

*Generaldirektor*
**Dipl.-Ing. Otto Lütgendorf** *bei seiner
Begrüßungsansprache zur Eröffnung des
Bosrucktunnels am 21. Oktober 1983.*

Es verband sie nicht nur eine ähnliche Karriere in Diensten des Landes Steiermark, sie waren auch Kriegskameraden gewesen. Ihrer Freundschaft und gegenseitigen Hochachtung standen verschiedene politische Ansichten nicht im Wege, wie sich das für gute Diener des Staates gehört und auch zum Wohle der Gesellschaft genützt wurde.

Von der Gründung weg übernahm Otto Lütgendorf die technische Führung der Gesellschaft, während Karl Maitz das Land im Aufsichtsrat vertrat, und zwar lange Jahre als stellvertretender Vorsitzender. Nach dem Tode von Dr. Karl Cejka bekleidete Dr. Maitz die Funktion des geschäftsführenden Vorsitzenden, bis bei der Neuwahl wieder ein Vertreter des Hauptaktionärs Republik Österreich den Vorsitz übernahm.

### Wirkl. Hofrat Dipl.-Ing. Otto Lütgendorf

(geb. 29. 3. 1908 in Krems, gest. 19. 5. 1995 in Graz)

entstammte einer im 19. Jahrhundert aus Deutschland zugewanderten Offiziersfamilie, die in habsburgische Dienste trat. Der Vater war Kriegskamerad des späteren österreichischen Bundespräsidenten General a. D. Theodor Körner.

Otto Lütgendorf studierte Vermessungswesen an der TU Graz und trat Anfang der Dreißigerjahre in die Dienste des Landes Steiermark ein. In seiner Jugend war er ein begeisterter Tennisspieler. Im 2. Weltkrieg war er in der schwe-

ren Schlacht um Monte Casino eingesetzt. Die dort erlebten Gräuel hatten Erinnerungen hinterlassen, über die er nur selten sprach. Vor seiner Berufung in den Vorstand der Gleinalm Autobahn AG war er Leiter der Liegenschaftsverwaltung des Landes und Sachverständiger für die Bewertung von Gebäuden und Grundstücken. Privat ein geselliger Kollege und Familienmensch, zählte er auch zur kleinen Gruppe führender Önologen in der Steiermark.

Seine besonderen Verdienste um die Gesellschaft ergaben sich aus seinem Talent, trotz langjähriger Beamtenlaufbahn die Firma nicht hierarchisch, sondern nach Regeln der Privatwirtschaft zu führen, seine Mitarbeiter zu motivieren und Entscheidungsfreudigkeit zu vermitteln. Besonders stolz war er, wenn es gelang, Leistungen von Bau- und anderen Unternehmen zu günstigeren Preisen oder Konditionen einzukaufen als es Bundes- oder Landesstellen nach den dort geltenden strengen Regeln möglich war. Über daraus resultierende Angriffe von Neidern war er erhaben. Gestützt auf ein gutes

Technikerteam konnten in seiner Funktions-
periode bis Ende 1983 alle Fertigstellungstermi-
ne eingehalten und große Einsparungen gegenüber den Ansätzen erzielt werden.

Nach seinem Ausscheiden aus dem Vorstand
brachte er noch einige Jahre seine Erfahrungen
in den Aufsichtsrat der Gesellschaft ein.

### Wirkl. Hofrat Dr. Karl Maitz

(geb. 21. 10. 1907)

maturierte 1926 mit Auszeichnung an der Han-
delsakademie Graz. Während seiner Arbeit für
eine Bank studierte er an der UNI Graz Latein
und Jus und promovierte am 23. 07. 1932 zum
Doktor jur. Dr. Maitz trat mit 1. September 1932
in den Landesdienst ein. Ab 1934 arbeitete er
im Büro von Landeshauptmann Dr. Stepan. Im
März 1938 wurde er im Journaldienst von einem SA-Kommando verhaftet, seines Postens
enthoben und war danach gezwungen, wechselnde Tätigkeiten im so genannten „Altreich"
zu verrichten, Kriegsdienst von Februar 1943
bis Mai 1945.

Ab 19. Mai 1945 (als Gefreiter der deutschen
Wehrmacht abgerüstet) wirkte er in der Zeit der
russischen Besatzung mit, im devastierten
Landhaus wieder die österreichische Verwaltung
einzurichten. Für den von der Besatzungsmacht
akzeptierten Landesrat Pirchegger organisierte
er ein Sekretariat und eine Abteilung für Land-
und Forstwirtschaft. Nach den ersten Wahlen im
November 1945 und einer klaren Mehrheit für
die ÖVP wurde Pirchegger Landeshauptmann.
Ihm folgte nach dem Rücktritt aus gesundheitli-
chen Gründen am 6. Juli 1948 Ökonomierat
Josef Krainer. Maitz verblieb vorerst als Leiter
des Büros des Landeshauptmannes und wurde
engster Mitarbeiter seines nur um vier Jahre älteren Freundes. Mit 1. Jänner 1949 wurde er

zum Vorstand der Agrarabteilung bestellt und
am 1. Juni 1950 zum Wirkl. Hofrat ernannt.
Durch den Militärdienst gesundheitlich angeschlagen, wurde er mit 31. August 1954 in den
Ruhestand versetzt.

Dr. Maitz blieb jedoch bei verschiedenen Funk-
tionen, die er ehrenamtlich im Interesse des
Landes ausübte, in engem Kontakt zu Landeshauptmann Krainer sen. So konnte er nach
Gesundung am 7. März 1967 die Leitung
der Steiermärkischen Landesdruckerei als
geschäftsführendes Vorstandsmitglied übernehmen.

In Erfüllung seines Auftrages und anläßlich
eines Berichts an den Landeshauptmann über
Geschehnisse im Druckereibetrieb kam es zur
denkwürdigen Schilderung der Sorgen des Lan-
desvaters um eine leistungsfähige Straßenverbindung zum obersteirischen Industriegebiet
(siehe Kapitel 2). So reiste Dr. Maitz am 3. November 1969 nach Innsbruck zum Studium der
Brenner Autobahn AG. Die dort erhaltenen Informationen betrafen auch sehr interessante
Schilderungen der maßgebenden Personen in
der Wiener Ministerialbürokratie.

Auf Grund seiner Berichte wurde Dr. Maitz vom
Land beauftragt, weitere Kontakte zu den Bun-
desministerien für Finanzen und für Bauten und
Technik zu pflegen. Doch erst nach den Nationalratswahlen 1970 sollte seine zähe Lobbytä-
tigkeit Früchte tragen.

Die eineinhalbjährigen Bemühungen waren am
10. März 1971 vom Erfolg gekrönt, als die Minister Dr. Androsch und Moser mit LH Krainer
und LHStv. Sebastian im Parlament zur grundsätzlichen Einigung über die Gründung der
Gleinalm Autobahn AG gelangten.

Es war danach selbstverständlich, dass Dr. Maitz
auch bei der Gründung mitwirkte und ins Präsi-
dium der neuen Gesellschaft einzog.

Auch in den folgenden Jahren war Dr. Maitz nicht untätig, als es um die Erweiterung der Gesellschaftsstrecke über die Landesgrenze hinaus ging. Die erste Fühlungnahme mit dem Land Oberösterreich fand am 9. Februar 1973 in Linz statt. Neben LH Dr. Erwin Wenzl nahmen daran auch der damalige Finanzreferent Dr. Josef Ratzenböck und Herren der Landesbaudirektion teil. Die Verhandlungen zogen sich zwar noch, aber die politische Konstellation war günstig, die Gleinalm-Autobahn zeigte vor, was es bedeutete, Bauaufgaben des Bundes auszugliedern und an Sondergesellschaften zu übertragen. Vorstand und Aufsichtsrat der Gleinalm-Autobahn zogen an einem Strick.

Am 22. April 1975 fanden auf Beamtenebene Verhandlungen statt, wobei Dr. Maitz und Hofrat Dr. Kriegseisen das Land Steiermark vertraten und die Bedingungen für den Syndikatsvertrag ausarbeiteten, der am 20. Mai 1975 von den Landeshauptleuten Dr. Niederl und Dr. Wenzel sowie namens der Republik von Minister Dr. Androsch unterzeichnet wurde. Am 12. Dezember 1975 wurde mit der Novelle zum Pyhrn-Autobahn-Finanzierungsgesetz die Strecke erstmals, u. a. durch den Bosrucktunnel, erweitert. Das machte den Eintritt des Landes Oberösterreich als Aktionär in die Gesellschaft notwendig, den Maitz angebahnt hatte. Der Schlussstein konnte dann am 16. März 1976 in einer außerordentlichen Hauptversammlung gesetzt werden, bei der auch der Firmenwortlaut auf PYHRN AUTOBAHN AKTIENGESELLSCHAFT der neuen Aufgabe Rechnung trug.

Dr. Karl Maitz gehörte als Vizepräsident dem Aufsichtsrat der PAG bis zum 30. Jänner 1992 an, nachdem er sich schon mit 30. Juni 1991, im 84. Lebensjahr, als Geschäftsführer der Landesdruckerei zurückgezogen hatte.

*Zweiter Präsident des Aufsichtsrates* *Dr. Karl Maitz* *(rechts) bei einer Anleihepräsentation in der Wiener Börse. Neben ihm links der am 15. Dezember 1978 verstorbene erste Präsident Dr. Karl Cejka und Sektionschef Neudörfer, dazwischen in der zweiten Reihe Cejkas Nachfolger als Präsident des Aufsichtsrates der PAG bis 3. Februar 1983, Dr. Walter Schneider.*

Von den Bemühungen zur Gründung im Jahre 1967 bis zur Emeritierung war er demnach 25 Jahre mit dem Werden der Pyhrn Autobahn verbunden. Es war ihm vergönnt, schon im 86. Lebensjahr stehend, gesund und munter am 26. Mai 1993 auf dem Schoberpass dem Lückenschluss der Autobahn beizuwohnen, zu deren Gründervätern er gehörte. Zum Zeitpunkt der Abfassung dieses Buches konnte er in voller geistiger Frische seinen 95. Geburtstag feiern.

# 20
# Unpopulär, aber notwendig – Mautsysteme einst und jetzt

Im Pyhrn-Autobahn-Finanzierungsgesetz Nr. 479/1971 war auch die
Verpflichtung enthalten, dass die
zu gründende AG für die Benützung ein Entgelt einzuheben hatte.
Bei der Eröffnung des Gleinalmtunnels 1978 wurde noch ein
elektromechanisches System verwendet. Bis zur Eröffnung des
Bosruckabschnittes 1983 hatte die
Mikroelektronik eine derart rasante
Entwicklung genommen, dass von
einer heimischen Firma ein auf
den Skipässen aufbauendes
System installiert werden konnte,
das in Folge auch die anderen
großen Mautstraßenbetreiber
übernahmen.
Der Fortschritt blieb aber dort
nicht stehen und hat über einige
Zwischenstufen bis heute mit der
berührungslosen Abfertigung eine
neue Dimension erreicht.

*Eine wesentliche Beschleunigung der*
*Mautabfertigung für Zeitkartenbesitzer*
*brachte die Einführung der mit einem*
*Mikrochip versehenen PYHRNCARD, die*
*berührungslos abgelesen wurde und die*
*Durchfahrt freigab. Ab 1. Juli 1998 gab*
*es dafür auch eigene Spuren.*

Da in den beiden voneinander räumlich getrennten mautpflichtigen Abschnitten keine
Zwischenauf- und -abfahrten vorgesehen waren,
wurde ein so genanntes offenes Mautsystem
mit einer Mautstelle pro Abschnitt gewählt. Der
wesentliche Vorteil gegenüber dem geschlosse-
nen Mautsystem bestand darin, dass durch die
zentrale Mauteinhebung neben den Baukosten
besonders Personalkosten eingespart werden
konnten. Das offene System erfordert allerdings
die Anordnung von ausgeklügelten automati-
schen Registriereinrichtungen zur möglichst
lückenlosen Überwachung.

So wurden vergleichbare Anlagen in Europa und
Übersee auf ihre Tauglichkeit untersucht und
festgestellt, dass keines der offenen Systeme
ohne große Änderungen übernommen werden
konnte. Dies deshalb, weil die meisten offenen
Strecken Einzelbauwerke wie Brücken oder Tunnel betrafen, wo die Zahlung in Selfservicespu-
ren durch Münzeinwurf erfolgte und nur wenige
Spuren zum Wechseln oder für größere Fahr-

zeuge mit Personal besetzt werden mussten. Die von den zuständigen Ministerien festzusetzenden Mauttarife ließen aber eine Zahlung auch in Münzen schon wegen der Menge als illusorisch erscheinen. Der damalige Stand der Gerätetechnik erlaubte nicht, an das Einschieben von Banknoten auch nur zu denken. Überdies erwarteten Reisende bei der Fahrt durch ein Transitland wie Österreich, dass auch europaweit dominierende Fremdwährungen, wie etwa die D-Mark, an Zahlungs statt angenommen und gewechselt würden.

Dann war das Problem der Registrierung und Klassifizierung zu lösen. Neben Achszahl, Fahrzeuggewicht, Steuer-Klein-LKW, Fahrzeugen mit oder ohne Anhänger, Motorrädern etc. hätten nach den ersten Vorstellungen der Behörde Busse als eigene Kategorien, unterteilt nach Anzahl der Sitzplätze, unterschieden werden müssen, was vollkommen abseits der Realität lag. Man stelle sich den Zeitaufwand vor, wenn der Mautner in die Fahrzeugpapiere Einblick zu nehmen hat oder die Kabine verlassen muss, um Insassen zu zählen. Kein automatisches System existierte, um alle diese verschiedenen Parameter unter einen Hut zu bringen. Es blieb also nur der provisorische Ausweg zur Klassifizierung der Fahrzeuge nach optischen Kriterien bei der Annäherung an die Mautkabine durch das Personal. Die Brenner Autobahn, als erste große Mautgesellschaft in Betrieb gegangen, hatte dazu noch von Systemproblemen mit Zeitkarten und Ausnahmeregelungen für Anrainer/Pendler, mit Einsatzfahrzeugen von Rettung und Feuerwehr sowie der Freistellung des Bundesheeres berichtet.

Der allseitige Wunsch nach Konzipierung eines österreichweit einheitlichen Systems war von Anfang an vorhanden, die Zeit bis zur Eröffnung der Gleinalmstrecke aber zu kurz. Eine Neuentwicklung wurde damals auf drei bis vier Jahre geschätzt. An dieser notwendigen Vorlaufzeit hat sich bis heute nur wenig geändert.

Verkehrszählungen und Untersuchungen über den Einfluss der Maut auf den Verlagerungseffekt führten zu Prognosen in Richtung Festsetzung der Mauthöhe zur Einnahmenoptimierung, Dimensionierung der Mautstellen und dem zu erwartenden Personalbedarf. Die Differenzen zwischen betriebswirtschaftlichen Vorschlägen und der politischen Willensbildung existierten von Anfang an.

Zum Anforderungsprofil an das erste Mautsystem gehörten u. a. auch:

Unterscheidung in Einzel- und Mehrfahrtenkarten sowie Zeitkarten,

Abrechnung in mehreren Währungen,

Information des Kunden,

Möglichkeit der Überwachung jeder einzelnen Transaktion durch einen Revisor sowie

Videoaufzeichnungen auch über längere Perioden,

Registrierung, Spurfreigabe und integrierte Alarmanlage mittels Induktionsschleifen,

Verzicht auf Mautschranken bei besetzten Spuren,

Datenerfassung und Vergleich mit den Tagesabrechnungen des Personals, und schließlich noch die größtmögliche Weiternutzung der Bauteile für das künftige gesamtösterreichische System.

Wegen des guten Baufortschritts wurde die Strecke um vier Monate früher als geplant eröffnet, und zwar am 11. August 1978, mitten in der Hauptreisezeit, was keine Testphase, lange Einschulung und Geräteausfälle erlaubte. So standen letztlich für Detailplanung, Lieferung und Installation der ersten vier Spuren je Richtungsfahrbahn nach endgültiger Festlegung der Kriterien nur insgesamt 73 Tage zu Verfügung, wobei erst 49 Tage vor der Eröffnung die Ver-

*Die Automatikspuren* wurden im Juni 2002 gegen ein noch kundenfreundlicheres System getauscht, die so genannte Videomaut. Dabei wird das Kennzeichen bei Annäherung des Fahrzeuges abgelesen und die Berechtigung mit einer Datenbank verglichen.

ordnung des Ministeriums über die Kategorien erlassen wurde, die auch noch im Programm berücksichtigt werden musste. Das schaffte die kleine englische Firma Automatic Revenue Controls aus Watford durch eine für unsere Zwecke handgestrickte Version der bei der Mautstelle an der Hafenbrücke von Southampton installierten Gerätekonfiguration.

Dieses elektromechanische System bestand je Mautspur aus 15 Zählwerken für die diversen Vorgänge, registrierte alle Tastendrücke und die bestätigenden Auslösungen der Induktionsschleifen beim Überfahren. Die Zählwerke waren in großen Kästen untergebracht und mussten bei Schichtwechsel abgelesen werden. Das leistet heute ein einziger Mikrochip mühelos!

Die Erfahrungen mit dem System seien kurz zusammengefasst: Während bei Mehrfahrten-(Block-)Karten ein Abfertigungsvorgang 10–15 sec dauerte, benötigte eine Barzahlung im Mittel 30 sec. Dagegen waren an Spitzentagen mit hohem fremdsprachigem Ausländeranteil und Fremdwährungstransaktionen die Spuren oft für mehrere Minuten blockiert. Überdies musste bei Schichtwechsel zur Ablesung der Zählerstände abwechselnd jeweils eine Spur gesperrt werden. Sofort nach der Eröffnung wurde daher an die Installation eines zentralen Mautrechners gedacht. Dessen Entwicklung und Programmierung erfolgten nach Studien anderer Vorschläge von der PAG gemeinsam mit der Firma SKIDATA.

In dieser Zeit ereignete sich die prominenteste Mautflucht, als der saudiarabische Erdölminister Jamani, eskortiert von Staatspolizei, unangekündigt und ohne anzuhalten, durch die gesperrte Mautspur raste.

Der Preissturz auf dem Markt für Mikroprozessoren führte im Herbst 1983 bei der Eröffnung des Bosrucktunnels zum Einzug der Mikroelektronik in die Mauteinhebung.

Ein entscheidender Vorteil der Neuentwicklung war, dass sie eine große Flexibilität für künftige Mautordnungsänderungen erlaubte. Der zur gleichen Zeit stattfindende rasante Zusammenschluss von Skigebieten zu Regionen förderte eine technologische Entwicklung, und es war erfreulich, dass österreichische Unternehmen hier die Führung übernahmen. Damit war auch schon die Frage, ob Loch- oder Magnetkarte, zugunsten Letzterer entschieden. Das Kassenterminal war gleichzeitig Lesegerät, Ausgabegerät und Belegdrucker und online mit dem Zentralrechner verbunden. In jede Kassa war aber für Ausfälle ein Datenspeicher bis zu 24 Stunden integriert, der abgerufen werden oder auch autonom weiterarbeiten und die Daten ausdrucken konnte.

Der erste Zentralrechner wies eine für heutige Verhältnisse nur mickymausartige Speicherkapazität von 640 Kilobyte auf. Eine der Forderungen der Gesellschaft war, dass alle auf den Magnetschichten der Karten verzeichneten Daten auch optisch lesbar sein mussten, so zum Beispiel Restguthaben, Abbuchungen und Ablaufdatum.

Dieses System wurde im Laufe der nächsten Jahre mit schrittweisen kleinen Verbesserungen auch bei den anderen österreichischen Straßengesellschaften eingeführt. Inzwischen begannen europaweit Bemühungen nach Vereinheitlichung. Beispielgebend war eine im März 1990 in Paris abgehaltene Konferenz der SECAP, des Zusammenschlusses der europäischen Mautstraßengesellschaften.

Alle bedeutenden Elektronikfirmen präsentierten zusammen mit prominenten Automobilbauern den Stand ihrer Entwicklungen. Es war eine interessante Leistungsschau, aber schon damals wurde klar, dass die Entscheidung für ein System eine politische sein würde, zu viele divergierende Interessen traten zu Tage. Ein faszinierendes Konzept betraf einen schon in den Guss des Motorblocks integrierten Mikrochip, der für die ganze Bestandsdauer des Fahrzeuges eine präzise Standortbestimmung erlauben und alle zurückgelegten Wegstrecken erfassen würde, was künftig nicht nur Fahrzeugdiebstähle unmöglich gemacht hätte, sondern auch als Grundlage für die Vorschreibung der Straßenbenützungsgebühren hätte dienen können. Dem standen leider die Forderungen der Datenschützer diametral gegenüber, womit das System wenig Aussichten auf Realisierung hatte. Für einige der präsentierten Systeme existierten auch schon Versuchsstrecken.

Als nächsten Schritt führte die ÖSAG auf der Pyhrnstrecke ab 3. Februar 1998 die Pyhrn-Card ein, beginnend auf der Mautstelle Gleinalm. Ab 1. Juli 1998 wurden „PYHRN-CARD ONLY"-Spuren eingerichtet. Nun konnten Zeitkartenbesitzer flüssig die Mautstellen passieren, ohne sich in eine Barzahlerkolonne einreihen zu müssen. Es genügte, die mit einem Mikrochip versehenen jährlich aufzuladenden Karten oder Swatch-Access-Uhren aus dem Wagenfenster berührungslos vor ein gekennzeichnetes Feld zu halten. Bei korrekter Buchung gab der Schranken sodann die Spur frei.

Nach knapp einem Jahr, Ende 1998 wurden bereits 21 % aller PKW-Abfertigungen mit dieser berührungslosen Technologie abgewickelt. 1999 wurde je Richtung eine zweite Spur eingerichtet. Im Jahre 2000 erfolgte die Nachrüstung je einer Spur pro Richtung an der Mautstelle Bosruck, womit der Kundenkreis auf einen Automatikanteil von 34 % gesteigert werden konnte.

Das brachte neben der Bequemlichkeit und der schnellen Abfertigung für den Kartenhalter den Vorteil, dass auch die Personalkosten der Gesellschaft von der Verkehrszunahme abgekoppelt werden konnten.

Das Basis-Mautsystem SKIDATA stand in weiterentwickelter Form bis 2001 in Verwendung, wurde aber zum Jahreswechsel 2002 mit der Umstellung auf den EURO gegen ein ASFINAG-einheitliches, selbst entwickeltes System ersetzt, das als Vorläufer bereits bis dahin bei den Mautstellen der Alpenstraßen AG (Brenner und Arlberg) erfolgreich im Einsatz war und bei weitgehend vergleichbaren Funktionalitäten bessere Wartungsmöglichkeiten in Eigenregie bietet.

Die Automatikspuren des Pyhrn-Card-Prinzips wurden im Juni 2002 gegen eine noch kundenfreundlichere Lösung ausgetauscht:

Die Kennzeichen von Jahres- und Pendlerkartenberechtigungen sind in einer Datenbank gespeichert und werden mit den Ergebnissen einer videotechnischen Lesung der Kennzeichen in einer Automatikspur verglichen, die als Schleuse vor der Mautachse angeordnet ist. Bei Übereinstimmung der Daten erfolgt die Freigabe zu einer Sonderspur der Mautstelle, andernfalls wird das Fahrzeug auf den Mautvorplatz ausgewiesen, von wo eine beliebige besetzte Mautkabine angesteuert werden kann.

Das gleiche System wurde konzernweit installiert und steht somit allen Dauerkunden österreichischer Mautstellen der ASFINAG offen.

Eine weitere Neuerung im Zusammenhang mit dem Road-Pricing, besser bekannt als „LKW-Maut", ist im Stadium der Realisierung.

Theoretisch wäre eine solche Technik auch für die PKW-Maut denkbar, aus administrativen Gründen soll es aber vorerst bei der Vignette bleiben.

Diese Neuerung,„ das fahrleistungsabhängige Mautsystem „GO", soll mit 1. Jänner 2004 starten. Damit wird auf allen österreichischen Autobahnen und Schnellstraßen für in- und ausländische LKW und Busse zwischen 3,5 und 12 Tonnen höchst zulässigem Gesamtgewicht (hzG) die Vignette, sowie für LKW über 12 Tonnen hzG die Straßenbenützungsabgabe entfallen.

Die Mauttarife richten sich nach der Achsenzahl der Fahrzeuge, entsprechen den Vorgaben der EU-Wegekostenrichtlinie und betragen:

| Kategorie 2 (2 Achsen) | € 0,130/km |
| Kategorie 3 (3 Achsen) | € 0,182/km |
| Kategorie 4 (4 und mehr Achsen) | € 0,273/km |

(alles excl. MwSt.)

Das in Italien bereits erprobte System besteht aus mit Sender-Empfäger bestückten Mautportalen über der Autobahn, die im Dialog mit einem Gerät an Bord des Fahrzeuges, der obligatorisch mitzuführenden GO-Box, stehen. Bei der Durchfahrt wird die Box registriert und die Maut nach den tatsächlich gefahrenen Kilometern von einer aufzuladenden Wertkarte, der „smart card" abgebucht. Die Kennzeichen der LKW ohne Gerät oder mit zu geringem Guthaben werden fotografiert und die Mautpreller ausgeforscht. Die Überwachung erfolgt durch 100 stationäre Kontrollportale, 20 mobile Kontrolleinrichtungen, ergänzt durch 100 Mautaufsichtsorgane im Dienst der ASFINAG.

**Vorbestellungen und weitere Auskünfte telefonisch (kostenlos unter 0800 / 400 11 400) oder im Internet (www.go-maut.at).**

*Geschichte: Die seit 1. 1. 1983
operierende Gesellschaft wurde
ursprünglich gem. BGBl. Nr. 491/82
gegründet, um u.a. alle Finanz-
operationen für die Straßensondergesellschaften abzuwickeln.*

## Die ASFINAG heute

Sie ist ein modernes Infrastrukturmanagement
und bietet 100 % Service für den Straßenverkehr.
Auf ca. 2000 km Autobahnen und Schnellstraßen in Österreich werden jährlich mehr als 20
Mrd. Kilometer gefahren. Vom österreichischen
Straßennetz profitieren Wirtschaft, Tourismus
und Handel. Dafür sorgt die ASFINAG, Autobah-
nen- und Schnellstraßen-Finanzierungs-AG.
Als kundenorientiertes Dienstleistungsunterneh-
men gehen die Aufgaben der ASFINAG weit über
die reine Finanzierung des österreichischen Au-
tobahnen- und Schnellstraßennetzes hinaus.
Herausforderungen wie die EU-Erweiterung oder
die Einführung der fahrleistungsabhängigen
Maut für LKW und Busse verlangen modernstes
Straßen- und Infrastrukturmanagement. „Unser
Job ist die Autobahn", so Walter Hecke, Vor-
standsvorsitzender der ASFINAG, „alle Mittel
und Einnahmen werden für den Bau, die Erhaltung und den Betrieb der Autobahnen und
Schnellstraßen verwendet." Im Mittelpunkt steht
dabei der Kunde: Österreichs Straßenbenützer.

## Das Jahr der Autobahn

2003 hat die ASFINAG zum Jahr der Autobahn
ausgerufen. Um 1 Mrd. Euro wird dieses Jahr das
Straßennetz ausgebaut, neu gebaut und erweitert. Wichtige Projekte sind beispielsweise die
Fertigstellung der A 9 Pyhrnautobahn, der Bau
der A 8 Welser Westspange, zweite Tunnelröhren
zum Amberg- und zum Plabutschtunnel oder die

Generalsanierungen der West- und Südautobahn.
Im November 2003 startet der Probebetrieb für
die fahrleistungsabhängige Maut für Fahrzeuge
über 3,5 Tonnen höchstzulässigem Gesamtgewicht. Systemstart ist der 1. 1. 2004. Die erwarteten Einnahmen von ca. 600 Mio. Euro
dienen u. a. Investitionen in moderne Kommuni-
kationstechniken wie Verkehrstelematik. Elek-
tronische Daten sollen helfen, Verkehrsströme zu
beeinflussen, die Verkehrssicherheit zu erhöhen
oder Umweltbelastungen zu reduzieren. Der Bau
der ersten österreichischen Verkehrsinformations-
zentrale in Inzersdorf wird im Sommer 2003 abgeschlossen sein.

## Aufgaben und Kernbereiche der ASFINAG

– Bauen: Die Aufgaben im Bereich Planung,
Bau und bauliche Erhaltung bestehender
Strecken und künftiger Netzerweiterungen
reichen von der Erstellung von Bauprogram-
men über Planung und Projektmanagement
bis zur Kostenkontrolle.
– Betreiben: Rund 1.530 Mitarbeiter sind im
Auftrag der ASFINAG an 53 Betriebsstandor-
ten verantwortlich für Fahrbahninstandhal-
tung, Brückenüberwachung, die Sicherung
von Tunnels sowie für den Winterdienst oder
die Pflege von Grünflächen.
– Bemauten: Die ASFINAG hebt an den Autobahnen und Schnellstraßen Mauten und
Benützungsgebühren ein. Die Einnahmen
fließen in Straßenbau und Erhaltung.
– Beeinflussen: Mit professionellem Informa-
tionsmanagement und modernen Kommu-
nikationstechniken lassen sich Verkehrsströme beeinflussen und optimieren. So wird
die „intelligente" Straße zur Realität.

Details und weitere Informationen finden Sie
unter www.asfinag.at.

*Allgemeines: Mit Bundesgesetz betreffend Maßnahmen im Bereich der Bundesstraßengesellschaften, BGBl. 826/92, wurden die Autobahnen- und Schnellstraßen-AG, die Pyhrn Autobahn AG, die Tauernautobahn AG und die Wiener Bundesstraßen AG unter Ausschluß der Abwicklung zu einer neuen Aktiengesellschaft verschmolzen. Die Verschmelzung erfolgte mit Wirkung vom 1. Jänner 1993.*

## Unternehmensprofil

Das Aufgabengebiet der Österreichischen Autobahnen- und Schnellstraßen-Gesellschaft m.b.H. (ÖSAG) – ein Unternehmen der ASFINAG-Gruppe – umfasst das breite Spektrum von Planung und Errichtung hochrangiger Straßen (Autobahnen und Schnellstraßen) über Instandsetzung, Mauteinhebung bis zur Abwicklung der Vignette (Produktion, Vertrieb, Inkasso).

Rund 250 Kilometer bzw. 12,5 % der insgesamt 2000 Kilometer Autobahnen und Schnellstraßen in ganz Österreich stehen im direkten Erhaltungsbereich der ÖSAG. Für die betriebliche Erhaltung dieses Straßennetzes gibt die ÖSAG im Jahr 2003 rund Euro 64 Mio. Euro aus. Die Investitionen für Planung und Neubau liegen heuer bei rund Euro 293 Mio. Euro. Die jährlichen Einnahmen aus Maut und Vignette von knapp 400 Mio. Euro werden direkt an die ASFINAG abgeführt und fließen zur Gänze in Ausbau und Erhaltung des hochrangigen österreichischen Straßennetzes.

## Geschäftsfelder der ÖSAG

Dem Aufgabenbereich der ÖSAG entsprechend ist die Gesellschaft in die beiden Competence Center „Planung Bau" (CC PB) und „Betrieb" (CC BE) sowie das Service Center „Maut" (SC MA) gegliedert. Die Querschnittsfunktionen „Projektcontrolling", „Vergabe-/Baurecht", „Vergabekoordination" und „Betriebswirtschaftliches Controlling" werden ÖSAG-intern abgedeckt.

## Qualitätsmanagement

Als erstes Straßenbauunternehmen Österreichs wurde die ÖSAG als gesamte Organisation nach ISO 9001 zertifiziert. Sie verfügt damit über ein nach modernsten betriebswirtschaftlichen Erkenntnissen durchgängig prozessorientiert aufgebautes Managementsystem. Dies bringt einerseits eine wesentliche Qualitätssteigerung in den einzelnen Geschäftsabläufen mit sich, andererseits können mit dem im Qualitätsmanagement erarbeiteten Fachwissen letztendlich die Ansprüche der Kunden zu höchster Zufriedenheit erfüllt werden. Für die Zukunft ist geplant, das Qualitätsmanagementsystem der neuen Norm 2000 anzupassen, um das System weiter zu verbessern und den Anforderungen der Kunden sowie den Veränderungen in der Technik gerecht zu werden.

# Zur Chronologie der Autobahnverbindung Graz–Wels

1962    Entwicklung eines Finanzierungsmodells für Großprojekte des Bundes durch Gründung von Aktiengesellschaften mit Beteiligung von Gebietskörperschaften im Bundesministerium für Finanzen.

1964-06-03    Gesetz zur Gründung der BRENNER AUTOBAHN AG (Muster für die GABAG).

1968-04-22    Vorstudie über die Trassenführung von der Landesgrenze OÖ/Steiermark bis Graz wird dem Bundesministerium für Bauten und Technik vorgelegt.

1969-11-03    Hofrat Maitz studiert über Wunsch von Landeshauptmann Ökonomierat Josef Krainer in Innsbruck bei LH Wallnöfer das Finanzierungsmodell Brenner-AB.

1970-10-12    Sondersitzung der Steiermärkischen Landesregierung zum Projekt Gleinalmautobahn.

1971-03-10    Bundes- und Landespolitiker vereinbaren auf höchster Ebene mit Handschlag im Parlament in Wien die Gleinalm-Autobahn-AG zu gründen.

1971-07-16    Mit dem BUNDESSTRASSENGESETZ 1971 wird die PYHRN-AUTOBAHN als A 9 ins Verzeichnis der Bundesstraßen A (Bundesautobahnen) aufgenommen.

1971-11-28    LH Krainer sen. verstirbt und kann am Gründungsakt der von ihm initiierten Gesellschaft nicht mehr teilnehmen.

1971-12-02    PYHRN AUTOBAHN-FINANZIERUNGSGESETZ vom Nationalrat beschlossen. Erster Bauabschnitt St. Michael–Friesach mit Gleinalmtunnel (32,6 km).

1971-12-16    Eröffnung Gratkorn/Süd–Graz/Nord (0,9 km), Bauleitung Land Steiermark.

1971-12-23    Gründende Hauptversammlung der GABAG (Gleinalm Autobahn AG), Grundkapital öS 200 Mio., Haftungsrahmen öS 6.600 Mio.

1972-10-06    Erster Spatenstich bei der MURBRÜCKE St. MICHAEL ob Leoben.

1972-12-07    Beschluss des Steiermärkischen Landtages, mit dem Land Oberösterreich Verhandlungen aufzunehmen, um den Ausbau des Teilstückes Selzthal–Windischgarsten (Pyhrnübergang) der GABAG zu übertragen.

1973-02-17    Anschlag des Gleinalmtunnel-Richtstollens.

1973-12-05    Präsentation der ersten GLEINALM-AUTOBAHN-ANLEIHE in der Wiener Börse.

1974-01-14    Durchschlag des Gleinalmtunnels.

1974-02-12    LH Niederl (Stmk.) berichtet Bautenminister Moser, dass mit LH Wenzel (OÖ) Übereinstimmung zur Realisierung des Projektes Bosrucktunnel erzielt wurde.

1975-07-23    Gleiche MEISELGRABENBRÜCKE, längste Brücke der Gleinalmstrecke (988m).

1975-12-12    Erste Streckenerweiterung (Novellierung Pyhrn-Autobahn-Finanz.-Gesetz) Spital/Pyhrn–Knoten Selzthal mit dem Bosrucktunnel (11,7 km) und Traboch–St. Michael (4,0 km) inkl. Zubringer zur B 113 (4,4 km).

1976-01-23    Offizielle Durchschlagsfeier beim GLEINALM-TUNNEL-Vollausbruch (8320 m).

1976-03-16    Namensänderung von GABAG auf PYHRN AUTOBAHN AG in der 1. ao. Hauptversammlung, Beitritt von Oberösterreich zum Syndikatsvertrag.

1976-06-11    Anschlag des SCHARTNERKOGEL-Richtstollens.

1976-07-30    Anschlag SELZTHALTUNNEL-Weströhre.

1977-05-06    Durchschlag SCHARTNERKOGEL-Weströhre.

1977-10-20    Durchschlag SELZTHALTUNNEL-Weströhre.

1978-06-29    Zweite Erweiterung der Gesellschaftsstrecke (Gesetzesnovelle) um den Abschnitt Friesach–Graz/Nord (8,1 km) und das Baulos Trieben von Rottenmann/Süd bis Gaishorn (11,7 km).

1978-08-02    Erste §4-Verordnung für Straßenverlauf Sattledt–Kirchdorf/Krems.

1978-08-11    Verkehrsfreigabe des GLEINALM-Abschnitts mit den Gleinalm- und Schartnerkogeltunneln (32,6 km).

1978-10-30    Anschlag des Bosruck-Sondierstollens von der Steiermark aus (Ardning).

1979-01-19    Anschlag des Bosruck-Sondierstollens Nordtrums von OÖ aus (Spital/P.).

1979-02-28    Erster Spatenstich am Abschnitt Rottenmann/Süd–Gaishorn in Trieben.

1979-03-08    Das 1,000.000ste Kraftfahrzeug passiert die Mautstelle bei St. Michael.

1979-10-09    Anschlag zum GRATKORN/TUNNEL/NORD.

1979-12-10    Verkehrsfreigabe St. Michael-Traboch (4,0 km), mit Zubringer (4,4 km).

1980-06-28    Verkehrsfreigabe SELZTHALTUNNEL-Weströhre (3,3 km, davon Tunnel rd. 1 km) von prov. Anschluß an die B 112 bis prov. Abfahrt Strechau.

1980-12-16    Anschlag zum GRATKORNTUNNEL/SÜD.

1981-07-06    Verkehrsfreigabe der zweiten Röhre des Schartnerkogeltunnels.

1981-10-17    Die Schnellstraßenbrücke über die Mur an der Grazer Nordeinfahrt muss durch eine Sprengung der neuen Autobahnbrücke weichen.

1982-01-22    Durchschlag BOSRUCKTUNNEL-Oströhre (5500 m).

1982-05-11    Die PAG begibt eine Anleihe über 10 Mia. YEN (690 Mio. ATS) in Tokio zur weiteren Finanzierung der Pyhrnstrecke.

1982-06-17    Gleiche Hangbrücke ARDNING (968 m l., Taktschieben von 2 Seiten, Mittelfeld Ortsbeton).

1982-10-08    Mit dem ASFINAG-Gesetz wird der PAG auch die Erhaltung der Strecke Friesach–Graz/Nord übertragen. Das Grundkapital beträgt inzwischen öS 720 Mio. und verteilt sich wie folgt: Republik Österreich 60 %, Steiermark 31,6 %, Oberösterreich 8,2 %. Der Haftungsrahmen ist auf öS 22.800 Mio. gestiegen, die Bundesländer Steiermark und Oberösterreich leisten nicht rückzahlbare Zuschüsse. Die Verwaltung der Anteilsrechte an der PAG geht vom BMF an das BMBT über. Erweiterung um die Strecke Windischgarsten-Spital/Pyhrn (9,0 km).

1982-12-31 Die bisher übernommenen Haftungen des Bundes werden dem Haftungsrahmen der ASFINAG angerechnet.

1983-03-24 Der 10,000.000ste Benützer wird auf der Gleinalmstrecke registriert.

1983-06-29 Verkehrsfreigabe Friesach–Gratkorn/Süd (8,1 km) mit den Doppelröhren GRATKORNTUNNEL/NORD (660 m) und GRATKORNTUNNEL/SÜD (800 m im Mittel).

1983-10-21 Verkehrsfreigabe Spital/Pyhrn–Knoten Selzthal mit Bosrucktunnel (12,4 km, davon 5,5 km Tunnel).

1984-10-20 Verkehrsfreigabe UMFAHRUNG TRIEBEN als Halbautobahn mit rechter Richtungsfahrbahn (12,1 km) inkl. prov. Anbindung, mit Moorbrücke EDLACH (1.557 m, längste Brücke der Pyhrn Autobahn).

1986-01-20 Mit der ASFINAG-Novelle werden der PAG folgende Abschnitte übertragen: Planung Sattledt–Kirchdorf –Windischgarsten sowie Planung und Errichtung Vollausbau Rottenmann/Süd–Gaishorn (Umfahrung Trieben).

1986-05-07 Eine weitere Novelle überträgt der PAG nun auch die Errichtung der Strecke von Sattledt nach Kirchdorf und die Erhaltung der Umfahrung Trieben.

1986-08-05 Verkehrsfreigabe WINDISCHGARSTEN (Anschlussstelle Roßleithen)–SPITAL/Pyhrn (9,2 km).

1986-10-03 Baubeginn des Abschnittes Sattledt–Inzersdorf (Abfahrt Kirchdorf/Krems).

1987-03-17 Der Straßenverlauf St. Pankraz–Roßleithen (inkl. Lainbergtunnel) wird mit §4-Verordnung festgelegt.

1987-04-28 Straßenverlauf Inzersdorf–Schlierbach mit §4-Verordnung abgeändert.

1987-06-24 Eine weitere ASFINAG-Novelle überträgt der PAG Errichtung und Erhaltung des Abschnitts Knoten Selzthal–Rottenmann/Süd (Umfahrung Rottenmann).

1987-06-27 Eröffnung erste Röhre Plabutschtunnel, 9990 m (mit Grünbrücke 11,4 km).

1987-11-09 Erster Spatenstich zum Bau der Umfahrung Rottenmann.

1988-03-15 Enquete anlässlich des 10-jährigen Bestehens der Gleinalmstrecke mit dem Schwerpunktthema „Drainasphalt" im Grazer Kongress.

1988-06-09 Mit ASFINAG-Novelle werden der PAG Planung, Errichtung und Erhaltung der Strecke von Gaishorn bis Traboch (Lückenschluss Schoberpass) übertragen.

1988-09-02 Inbetriebnahme der zweiten Richtungsfahrbahn der Moorbrücke Edlach, damit ist die gesamte Umfahrung Trieben als Vollautobahn unter Verkehr.

1988-12-03 Erster Spatenstich zum Bau der „Schoberpassstrecke" (38,7 km).

1988-12-13 §4-Verordnung von Anschlussstelle Klaus bis St. Pankraz (Teil der Tunnelkette).

1990-06-27 Verkehrsfreigabe SATTLEDT-INZERSDORF (15,8 Autobahn-km mit Zubringer zur B 138) mit drei Tunnelüberdeckungen (zus. 980 m).

1990-07-03 Verkehrsfreigabe ROTTENMANN/Nord–ROTTENMANN/Süd (5,4 km).

1990-07-12 Anschlag des Scheiteltunnels Wald am Schoberpass (2,8 km).

1991-08-28 Erste (später aufgehobene) §4-Verordnung für Sattledt–Wels/West (A 8).

1991-10-30 Verkehrsfreigabe der Abschnitte GAISHORN–prov. Abfahrt WALD (10,8 km) und MAUTERN–TRABOCH (14,0 km) als erstem Teil der Schoberpassstrecke.

1992-08-05 Verkehrsfreigabe ab der provisorischen Abfahrt MELLING/KALWANG bis MAUTERN (6,8 km), zweiter Teil der Schoberpassstrecke.

1992-12-29 Im BGBl. 826 erscheint der Beschluss des Bundes, die PAG mit der ASAG, der TAAG und der Wiener Bundesstraßen AG zur ÖSAG mit Wirkung vom 1. 1. 1993 zu verschmelzen.

1993-01-01 Das Bestehen der PAG als eigenständige Gesellschaft erlischt damit offiziell nach fast auf den Tag genau 21 Jahren. Graz bleibt aber einer der drei Standorte der neuen Gesellschaft ÖSAG.

1993-02-09 Die gründende Hauptversammlung der ÖSAG findet statt.

1993-03-29 Letzte Hauptversammlung der PAG über den Jahresabschluss 1992.

1993-04-14 Der PAG (irrtümlich, nun ÖSAG) wird die Errichtung des rd. 8 km langen Abschnitts St. Pankraz–Roßleithen mit dem 2,2 km langen Lainbergtunnel mit von Minister Schüssel gefertigter Verordnung übertragen.

1993-05-26 Verkehrsfreigabe Schoberpass mit dem Abschnitt WALD–MELLING/KALWANG (7,1 km) mit den Tunneln WALD (2840 m) und Pretallerkogel (535 m) und damit Lückenschluss der Schoberpassstrecke (38,7 km).

1994-09-30 Datum der Veröffentlichung im BGBl., wonach der ÖSAG für den Abschnitt Tunnelkette Klaus der A 9 zur Planung auch die Erstellung eines baureifen Projekts samt der Ausschreibung übertragen wird.

1995-06-06 Anschlag des 2,2 km langen Lainbergtunnels.

1996-12-06 Übertragung weiterer Aufgaben an die ÖSAG, darunter im Zuge der in diesem Buche beschriebenen Straßenverbindung Graz–Wels die Planung und Errichtung des Abschnittes Voralpenkreuz–Wels/West (A 8), die Errichtung des Abschnittes Kirchdorf–Lainbergtunnel/Nord (Tunnelkette Klaus der A 9) sowie Vollausbau des Knotens Selzthal samt 2. Röhre.

1996-12-10 § 4-Verordnung für Straßenverlauf Kienberg- und Hungerbichltunnel (Micheldorf bis Anschlussstelle Klaus).

1997-01-01 Einführung der Autobahnvignette in Österreich und zahlreiche Mauttarifänderungen bedingt durch den Beitritt Österreichs zur Europäischen Union.

1997-03-07 Spatenstich VOLLAUSBAU Anschlussstelle SELZTHAL.

1997-07-19 Anschlag für drei Sondierstollen der TUNNEL-KETTE KLAUS (13,5 km) von Schön bis Anschlussstelle St. Pankraz (Spering/Nord und Süd, Klaus/Nord).

1997-09-11 Übernahme der Anteilsrechte der Republik Österreich an der ÖSAG durch die ASFINAG.

1997-11-08 Verkehrsfreigabe des Bauabschnittes St. Pankraz (Lainbergtunnel/Nord) bis ROSSLEITHEN (8,0 km, davon Lainbergtunnel 2,2 km), damit Umfahren der im Winter gefürchteten „Waldner Höhe".

1998-04-08 Die Umweltverträglichkeitserklärung (UVE) für das Baulos Micheldorf wird eingereicht, das erste Autobahnprojekt, welches nach dem 1994 in Kraft getretenen Umweltverträglichkeitsprüfungsgesetz (UVP-G) geprüft wird. Für die Prüfung werden 1,5 Jahre geschätzt (Projektleiter Wandschneider).

1998-05-16 Anschlag der zweiten Röhre des Selzthaltunnels im Zuge des Vollausbaues des Knotens Anschlussstelle Selzthal.

1998-09-08 Brand im Gleinalmtunnel bei km 140,4. Keine Toten, keine Verletzten.

1998-09-17 Durchschlag der geologisch (Phyllite, Mylonite) äußerst schwierigen Oströhre des Selzthaltunnels.

1998-09-19 Anlässlich von 20 Jahre Gleinalmtunnel findet in der ABM Guggenbach ein Tag der offenen Tür statt.

1999-02-05 Anschlag zum Vollausbruch des Falkensteintunnels (783 m).

1999-05-29 Brandkatastrophe im Tauerntunnel, in deren Folge für die Pyhrnautobahn der Vollausbau der bereits begonnenen Tunnel Hungerbichl und Kienberg mit zwei Röhren beschlossen wird. Sicherheitstechnische Nachrüstung des 8,3 km langen Gleinalmtunnels und des 5,5 km langen Bosrucktunnels mit Abluftjalousien, Verlegen eines zweiten Kabels für den Tunnelfunk, Ausbau der Notrufnischen mit Türen und eigener Luftversorgung, Verstärkung der Beleuchtung, helle Färbelung der Pannenbuchten, beleuchtete Hinweise auf Fluchtrichtung, beleuchtete Fahrbahnbegrenzung, eingefräster Rumpelstreifen in Fahrbahnmitte etc. – auf letztem Stand der Technik. Aktivierung der Querschläge beim Bosrucktunnel zu Fluchtstollen.

1999-08-06 Anschlag zum Vollausbruch des Klauser Tunnels (mit Kurztunnel 2144 m).

2000-01-28 Anschlag zum Vollausbruch des Speringtunnels (2852 m), des längsten in der Klauser Tunnelkette.

2000-04-05 Baubeginn der Traunbrücke, 180 m lang, im Zuge der Welser Westspange.

2000-04-05 Anschlag zum Vollausbruch des Hungerbichltunnels (510 m).

2000-09-16 Spatenstich zur Welser Westspange (11,1 km, wegen der ökologischen Ausgleichsmaßnahmen wohl das teuerste Straßenstück Österreichs), dem Lückenschluss mit dem Voralpenkreuz A 1–A 9–A 8 bei Sattledt.

2000-10-30 Vollausbau Anschlussstelle Selzthal beendet (inkl. 2. Röhre Selzthaltunnel).

2000-11-07 § 4-Verordnung der A 9 im Bereich der Gemeinde Micheldorf.

2001-05-04 Anschlag zum Vollausbruch des zweiröhrigen Kienbergtunnels (1438 m) als letztem Teilstück der Klauser Tunnelkette.

2001-08-08 Brand im Gleinalmtunnel nach Frontalzusammenstoß. 5 Tote, 4 Verletzte.

2002-01-08 § 4-Verordnung für den Umbau des Knotens „Voralpenkreuz" im Bereich der Marktgemeinde Sattledt (A 1, A 8, A 9).

2001-09-28 Spatenstich INZERSDORF–SCHÖN (Umfahrung Kichdorf/Micheldorf, 9,4 km) zum endgültig letzten Startschuss für die Autobahnverbindung Graz–Wels.

2003-08-24 Geplante Eröffnung der Welser Westspange.

2003-09-19 Geplante Eröffnung der Klauser Tunnelkette.

2004 Ende Geplante Eröffnung Umfahrung Kirchdorf–Micheldorf.

(Stand vom 30. Juni 2003.)

# Tabelle der Verkehrsfreigaben und Abschnittslängen

| Datum | **Auf der A 9 Pyhrn Autobahn**<br>**Autobahnabschnitte von Sattledt nach Graz/Süd** | **Länge ca.**<br>**(km)** |
|---|---|---|
| 1990-06-27 | Knoten Voralpenkreuz–Anschlussst. Inzersdorf im Kremstal | 15,8 |
| 2004 Ende | Anschlussst. Inzersdorf–prov Anschlussst. Kienbergtunnel/Nord | 9,8 |
| 2003-09-19 | Prov. Anschlussst. Kienberg/Nord–prov. Anschlussst. Lainberg/Nord | 13,5 |
| 1997-11-08 | Prov. Anschlussst. Lainberg/Nord–Anschlussst. Windischgarsten | 8,5 |
| 1985-12-17 | Anschlussst. Windischgarsten–Anschlussst. Spital am Pyhrn (li. RFB) | 9,2 |
| 1986-08-05 | Anschlussst. Windischgarsten–Anschlussst. Spital am Pyhrn (re. RFB) | |
| 1983-10-21 | Anschlussst. Spital am Pyhrn (li. RFB)–Anschlussst. Selzthal (re. RFB) | 12,4 |
| | (Vollausbau im Bereich Mautstelle, Wechsel vor Ennsbrücke auf re. RFB) | |
| 1983-06-03 | Moorquerung Selzthal im Bereich des Knotens (KS 5, re. RFB) | 1,0 |
| 1980-06-28 | Prov. Auffahrt Selzthaltunnel–prov. Anschlussst. Rottenmann (re. RFB) | 3,3 |
| 2000-10-30 | Vollausbau Knoten Selzthal mit 2. Tunnelröhre und li. RFB | |
| 1990-07-03 | Anschlussst. Rottenmann/Nord–Anschlussst. Rottenmann/Süd | 5,4 |
| 1984-10-20 | prov. Auffahrt Rottenmann/Süd–prov. Ausfahrt Gaishorn (re. RFB) | 12,1 |
| 1988-09-02 | prov. Auffahrt Rottenmann/Süd–prov. Ausfahrt Gaishorn (li. RFB) | |
| 1991-10-30 | prov. Anschlussst. Gaishorn–prov. Ausfahrt Wald am Schoberpaß | 10,7 |
| 1993-05-26 | prov. Anschlussst. Wald–prov. Ausfahrt Melling | 7,2 |
| 1992-08-05 | prov. Ausfahrt Melling–Anschlussst. Mautern | 6,8 |
| 1991-10-30 | Anschlussst. Mautern–Anschlussstelle Traboch | 14,0 |
| 1979-12-10 | prov. Anschlussst. Traboch–Knoten St. Michael (li. RFB) | 4,0 |
| 1980-06-25 | Anschlussst. Traboch–Knoten St. Michael (re. RFB) | |
| 1978-08-11 | Knoten St. Michael–Knoten Deutschfeistritz (Gleinalmstrecke) | 32,6 |
| 1983-06-29 | Knoten Deutschfeistritz–Anschlussst. Gratkorn/Süd | 8,1 |
| 1971-12-16 | prov. Anschlussst. Gratkorn–Halbanschlussstelle Graz/Nord | 0,9 |
| 1987-06-28 | HalbASt. Graz/Nord–Knoten Graz-Webling (Plabutschtunnel) | 11,4 |

| Datum | **Auf der A 8 Innkreis Autobahn**<br>**Autobahnabschnitt Voralpenkreuz – Wels/West** | **Länge ca.**<br>**(km)** |
|---|---|---|
| 2003-08-24 | Übergang von A 9 auf A 8 – Anschlussst. Wels/West | 11,1 |

(Stand vom 30. Juni 2003.)

# Großbrückenverzeichnis

mit Längen über 100,0 m lichte Weite oder anderen Besonderheiten (*)

| | Bezeichnung | Tragweite | Spannweite |
|---|---|---|---|
| **Auf der A 8** | | | |
| Traunbrücke Wels * (doppelter Hohlkasten, Fahrbahn innen) | BL01 | 1 | 180 |
| **Im Voralpenkreuz A 1 / A 8 / A 9** | | | |
| A 8 und A 9 setzen sich auf gleicher Ebene fort | | | |
| Sämtliche Brücken des Knotens werden der A 1 zugeordnet | | | |
| **Auf der A 9** | | | |
| Kremsbrücke/Nord | PY 29 | 2 | 161 |
| Kremsbrücke/Süd | PY 31 | 2 | 210 |
| Hungerbichlbrücke | PY 47 | 2 | 170 |
| Talübergang Steyr * (Hohlkasten im Freivorbau, 17,9 m breit) | PY 51 | 1 | 278 |
| Bertlgrabenbrücke * (Hohlkasten im Freivorbau, 14,9 m breit) | PY 54 | 1 | 188 |
| Rettenbachbrücke * (Bogenbrücke) | PY 57 | 1 | 78 |
| Teichlbrücke * (Bogenbrücke) | PY 60 | 1 | 93 |
| Eisenbahnbrücke * (Einschub) | PY 61,1 | 1 | 53 |
| Krenngrabenbücke | PY 64 | 2 | 100 |
| Teichlbrücke | PY 68 | 1 | 90 |
| Fischbachbrücke | PY 69 | 2 | 231 |
| Teichlbrücke | PY 70,3 | 2 | 186 |
| Teichlbrücke * (Zugang!) | PY 71 | 2 | 91 |
| Pießlingbrücke | PY 73 | 2 | 218 |
| Teichlbodenbrücke | PY 127 | 2 | 587 |
| Unterführung B 138 (1 RF) | PY 128 | 1 | 103 |
| Hangbrücke Ardning * (Taktschieben) (vorerst nur RF Wels mit Kriechspur ausgeführt, Gegenverkehr) | B 21 | 1 | 968 |
| Ennsbrücke Ardning | B 7 | 2 | 270 |
| **Im Knoten Selzthal A 9 / B 320 (vormals S 8)** | | | |
| Moorquerung Selzthal * | KS 5 | 1 | 1006 |
| Torfbrücke als Ast zur A 9 * (beide bis 30. 10. 2000 mit Gegenverkehr) | KS 5a | 1 | 453 |
| Knotenbrücke | KS 3 | 1 | 320 |
| Moorbrücke Selzthal (zweite RF) * | KS 7 | 1 | 991 |
| Paltenbrücke I * | KS 9 | 1 | 127 |
| Paltenbrücke II (zweite RF 2000) * | KS 12 | 1 | 127 |
| Kalcherbrücke (Überführung B 113) | R 12 | 1 | 113 |
| Moorbrücke Edlach * | T 11 (mit T 11a) | 2 | 1557 |
| Hochbrücke Trieben * | T 15 | 2 | 960 |
| Überführung Trieben (Zubringer) | T 16 | 1 | 284 |
| Überführung ÖBB (im Zubringer) | T 16d | 1 | 188 |
| Moorbrücke Trieben * | T 17b | 2 | 1125 |
| Hochbrücke Gaishorn * | T 19 | 2 | 1032 |
| Gaishornbrücke I * (Moorbrücke) | T 21 | 2 | 397 |
| Gaishornbrücke II * (Moorbrücke) | T 22 | 2 | 250 |
| Treglwanger Brücke | T 32 | 2 | 620 |
| Further ÖBB-Brücke | KW 1 | 2 | 150 |
| Vorwaldbrücke | KW 6 | 2 | 290 |
| Trassenbauwerk * (Dach der ABM Kalwang) | | 2 | 250 |
| ÖBB-Unterführung Liesingau | K 18 | 2 | 190 |
| **Im Knoten A 9 / S 6 / S 36** | | | |
| Brücken | L 203a | 2 | 107 |
| | L 203b | 2 | 94 |
| | L 203c | 2 | 88 |
| Murbrücke St. Michael * (1. Spatenstich) | L 204 | 2 | 329 |
| Lainsachbachbrücke * (Taktschieben) | L 210 | 2 | 262 |
| Humpelgrabenbrücke * (Taktschieben) | K 4 | 2 | 173 |
| Meiselgrabenbrücke | K 6 | 2 | 986 |
| Goldschmiedbrücke * (Taktschieben) | K 8 | 2 | 391 |
| Sperbergrabenbrücke | K 9 | 2 | 112 |
| Niesenbachgrabenbrücke | K 10 | 2 | 112 |
| Gunneggbachbrücke | K 11 | 2 | 327 |
| **Im Knoten A 9 / S 35** | | | |
| Überführung Fb. 400 | K 13a | 1 | 256 |
| Unterführung ÖBB | D 3 | 1 | 168 |
| Unterführung S 35 | D 4 | 3 | 114 |
| Überführung Fb. 200 | D 4a | 1 | 183 |
| Murbrücke/Mitte | D 5 | 3 | 160 |
| Murbrücke/West | D 5a | 2 | 120 |
| Murbrücke/Ost | D 5b. | 3 | 115 |
| Überführung B 67 | D 6 | 2 | 142 |
| Unterführung B 67 | D 22 | 1 | 130 |
| Unterführung B 67 (2. RF) | D 22a | 1 | 120 |
| Talübergang St. Stefan | D 25 | 2 | 400 |
| Murbrücke Raach (Neubau nach Abtrag) | D 30 | 2 | 230 |

# Tunnelverzeichnis

alle Untertagstrecken von Wels nach Graz – Stand vom 30. Juni 2003

| | | Richtungs-fahrbahnen | Länge km (i. M.) |
|---|---|---|---|
| **A 8 – Welser Westspange** | | | |
| der Innkreis Autobahn | | | |
| Unterflurtrasse Noitzmühle/ | | | |
| Unterschauersberg | 01/02 | 2 | 1,6 |
| Unterflurtrasse | | | |
| Steinhaus/Taxlberg | 05 | 2 | 2,3 |
| Halbüberdeckung Taxlberg | | 2 | 0,4 |
| | | | |
| **A 9 – Pyhrn Autobahn** | | | |
| Tunnel Wartberg I | | | |
| (Überdeckung Harmannsdorf) | PY 13 | 2 | 0,525 |
| Tunnel Wartberg II | | | |
| (Überdeckung) | PY 18 | 2 | 0,205 |
| Tunnel Wartberg III | | | |
| (Überdeckung) | PY 19 | 2 | 0,255 |
| Tunnel Tretter Überführung | | | |
| B 138 | PY 30 (in Bau) | 2 | 0,300 |
| Unterflurtrasse | | | |
| Ottsdorf/Thurnham | | | |
| (Rechteckquerschnitt) | PY 40 (in Bau) | 2 | 1,940 |
| Grünbrücke Flugfeld | PY 41 (in Bau) | 2 | 0,080 |
| Kremsursprungtunnel | PY 42 (in Bau) | 2 | 0,800 |
| Grünbrücke Hinterburg | PY 43 (in Bau) | 2 | 0,225 |
| Kienbergtunnel | PY 46 | 2 | 1,544 |
| Hungerbichltunnel | PY 48 | 2 | 0,527 |
| Tunnel Klaus | PY 53 | 1 | 2,192 |
| setzt sich zusammen aus | PY 52 Kurztunnel | 1 | (0,154) |
| Unterführung | | | |
| Bezirksstraße | offene Bauweise | 1 | (0,233) |
| Haupttunnel | bergmännisch | 1 | (1,805) |
| Traunfriedtunnel | PY 55 | 1 | 0,448 |
| Speringtunnel | PY 56 | 1 | 2,862 |
| Falkensteintunnel | PY 59 | 1 | 0,783 |

| | | Richtungs-fahrbahnen | Länge km (i. M.) |
|---|---|---|---|
| Überdeckung Schölmberg | PY 63,1 | 2 | 0,263 |
| | ca. $^2/_3$ halbseitig | | |
| Überdeckung Krenngraben | PY 65 | 2 | 0,325 |
| Überdeckung Gschwenderberg | PY 65,1 | 2 | 0,100 |
| Überdeckung St. Pankraz | PY 65,3 | 2 | 0,125 |
| Kurztunnel (offene Bauweise) | PY 66,1 | 1 | 0,237 |
| Lainbergtunnel | | | |
| (im Gegenverkehr) | PY 67 | 1 | 2,278 |
| Kurztunnel Roßleithen | | | |
| (offene Bw.) | PY 70 | 2 | 0,247 |
| Bosrucktunnel (im Gegenverkehr) | | 1 | 5,550 |
| Selzthaltunnel/Weströhre | | 1 | 1,010 |
| Selzthaltunnel/Oströhre | | 1 | (0,960) |
| Unterflurtrasse Rottenmann | | | |
| (Rechteckquerschnitt) | | 2 | 0,400 |
| Tunnel Wald | | | |
| (inkl. Überdeckungsteil) | | 2 | 2,810 |
| Pretallerkogeltunnel | | 2 | 0,446 |
| Gleinalmtunnel (im Gegenverkehr) | | 1 | 8,320 |
| Schartnerkogeltunnel | | 2 | 1,232 |
| Tunnel Gratkorn/Nord * | | | |
| (3 Spuren je Richtung) | | 2 | 0,660 |
| Tunnel Gratkorn/Süd * | | | |
| (3 Spuren je Richtung) | | 2 | 0,800 |
| Plabutschtunnel/Oströhre | | | |
| (inkl. Überdeckungsteil) | | 1 | 9,975 |
| Plabutschtunnel/Weströhre | | | |
| (in Bau) | | 1 | |

34 Tunnel und vollständig eingehauste Unterflurtrassen mit einer Länge von 51,764 km auf rund 195 km Autobahn bedeuten 26,5 %, in anderen Worten: von Wels nach Graz-Webling quert man die Alpen zu mehr als ¼ unter Tag.

# Literaturverzeichnis

Bechtold, Dieter, 2002: Tunnelkette Klaus – Geologische Prognose und deren Grundlage. – Felsbau Nr. 1/2002, Verlag Glückauf

Bock, Fritz: Wie kam es zum österreichischen Autobahnbau? edition coordination, Wien 1983

Brenner-Autobahn-AG: Die Brenner-Autobahn. Innsbruck 1972

Bruckner, Otto: Die Finanzierung des Straßenbaues durch Sondergesellschaften. ÖIAZ, 18. Jg., Heft 9/1975

Bublik, Edgar: Die verkehrsgeographische und wirtschaftliche Bedeutung der Pyhrn Autobahn. „Österr. Bauwirtschaft", Heft 38, Verlag W. Hergeth, Wien 1977

Bublik, Edgar: The austrian toll-road model and its limits. Paper presented at the 46th annual meeting of the International Bridge, Tunnel and Turnpike Association. San Francisco, September 1978

Bublik, Edgar: Die Mautabfertigung an der Lainsach. ÖIAZ 23. Jg., Heft 6/1980

Bublik, Edgar: Die Behandlung eines österreichischen Verkehrsproblems. „Bayrischer Monatsspiegel", München, 16. Jg., Heft 3/1980

Bublik, Edgar: Individualverkehr mit dem PKW. Aussichten – Methodenlehre – Beeinflussung der Benützer. Referat, gehalten bei SECAP-Jahrestagung in Santiago de Compostela, Mai 1981

Bublik, Edgar: Close-up Pyhrn Autobahn. Beitrag in Englisch für „Austria today", eine Publikation des BM für auswärtige Angelegenheiten, Wien 1982

Bublik, Edgar: Die Zukunft der Pyhrnroute. „Die Presse", 21. Juni 1983

Bundesministerium für Bauten und Technik. Dringlichkeitsreihung für Autobahnen etc. Wien 1980

Bundesministerium für Bauten und Technik: Dokumentation österreichischer Straßentunnelbauten. Wien 1981

Bundesministerium für Verkehr, Innovation und Technologie: Generalverkehrsplan Österreich 2002. Verkehrspolitische Grundsätze und Infrastrukturprogramm. Wien, Jan. 2002

Cerwenka, Peter: Zur Anatomie des Autobahn-Wendehalses. „Der Straßengüterverkehr", 45. Jg., Heft 1/1991

Cerwenka, Peter: Zur Verkehrssicherheit von Autobahn-Lückenschlüssen – Ein Weckruf gegen das ideologieträchtige Vorurteil. ÖIAZ, 136. Jg., Heft 10/1991

Cerwenka, Peter: Verkehrsplanung zwischen rationaler Argumentation und medialer Inszenierung. ÖIAZ, 147. Jg., Heft 3/2002

Dorfwirth, Josef: Verkehrsgutachten Pyhrnautobahn für das Amt der Oö. LReg. Graz, 12. März 1970

Eisenmenger, Otto: Schartnerkogeltunnel. ÖIAZ, 23. Jg., Heft 6/1980

Fenz, Martin & Zschuke, W.: Die Anwendung des Taktschiebeverfahrens im Zuge der Pyhrn-Autobahn am Beispiel der Humpelgrabenbrücke und der Guneggbachbrücke. ÖIAZ, 23. Jg., Heft 6/1980

Forcher, Michael: Felbertauern – Vom Saumpfad zur Panoramastraße. 2. Auflage, Thaurdruck, Innsbruck 1980

Glatz, Egon (Bearbeiter): Vorstudie über die Trassenführung in der Teilstrecke Landesgrenze ObÖsterr. /Steiermark–Graz. der Autobahn Linz/Wels–Graz–Staatsgrenze, Stmk.L.Reg. Fachabt. IIc, Graz 1968

Glatz, Egon: Autobahnmeisterei Guggenbach. ÖIAZ 23. Jg., Heft 6/1980

Gobiet, Wolfgang & Goriup, H.: Der Selzthaltunnel und Großversuche im Selzthaler Moor. ÖIAZ, 21. Jg., Heft 5/1978

Holzmann, Heinz: Die Goldschmiedbrücke K 8. ÖIAZ, 23. Jg., Heft 6/1980

Janku, Hubert: Gleinalmtunnel, Baulos Nord. „Österr. Bauwirtschaft" Heft 38, Verlag W. Hergeth, Wien 1977

Jelitzka, Peter: Der Gleinalmtunnel, Baulos Süd. „Österr. Bauwirtschaft" Heft 38, Verlag W. Hergeth, Wien 1977

Klima, K., Knoll, P., 1998: Geologische Erkundung zur Trasse des Traidersbergtunnels, Steiermark. – Barbara Gespräche Payerbach 1996, Band 3, Wien

Knoflacher, Hermann & Schopf, J.-M. u. a.: Vergleichende Studien über die Auswirkungen des Baus der Pyhrnautobahn („Pyhrn-Studie"). Forum Österr. Wissenschaftler für Umweltschutz im Auftrag der ARGE Bauern fürs Kremstal, Wien 1989

Knoflacher, Hermann: Anteil und Auswirkungen des Autobahnnetzes auf das Straßenverkehrsunfallgeschehen in Österreich. ÖIAZ 136. Jg., Heft 5/1991

Knoflacher, Hermann: Gegenstellungnahme zur Stellungnahme von Dr. Zibuschka in der ÖIAZ, Heft 5/1991. ÖIAZ 136. Jg., Heft 9/1991

Krieberneg, Hans: Untersuchung des Mauteinflusses auf die Verlagerbarkeit des Verkehrs im Gleinalmabschnitt der Pyhrn-Autobahn. PAG Graz, November 1977

Krieberneg, Hans: PKW-Mautuntersuchung Pyhrn-Autobahn Abschnitt Bosruck, PAG Graz, Jänner 1983

Lenz, Franz u. a.: Pyhrnautobahn Selzthaltunnel, 2. Röhre, Vorbereitung – Planung – Aktuelle Bauerfahrung., ÖIAZ.143. Jg., Heft 9/1998

Leszkovics, Walter, Eder, M. & Perl, P.: Tunnelkette Klaus – Realisierung eines anspruchsvollen Projekts. „Felsbau", 20. Jg., Heft 1/2002

Lütgendorf, Otto: Der Gleinalmtunnel – die Bauweise und die Kosten. ÖIAZ 23. Jg., Heft 6/1980

Matl, Franz: Entwicklung des Autobahnbaues in Österreich. edition coordination, Wien 1983

Matl, Franz: Es ist notwendig, daß sehr erfahrene Leute am Werk sind. „Straßenbau & Technik" Nr. 6–7/84

Müller, Peter: Nadelöhr des Kontinents – Der Großraum Pyhrn–Liezen. GABAG Graz, 1973

Müller, Peter: Straße durch den Bosruck. Mit vier Beiträgen von Bublik, E., Europaverlag, Wien 1983,

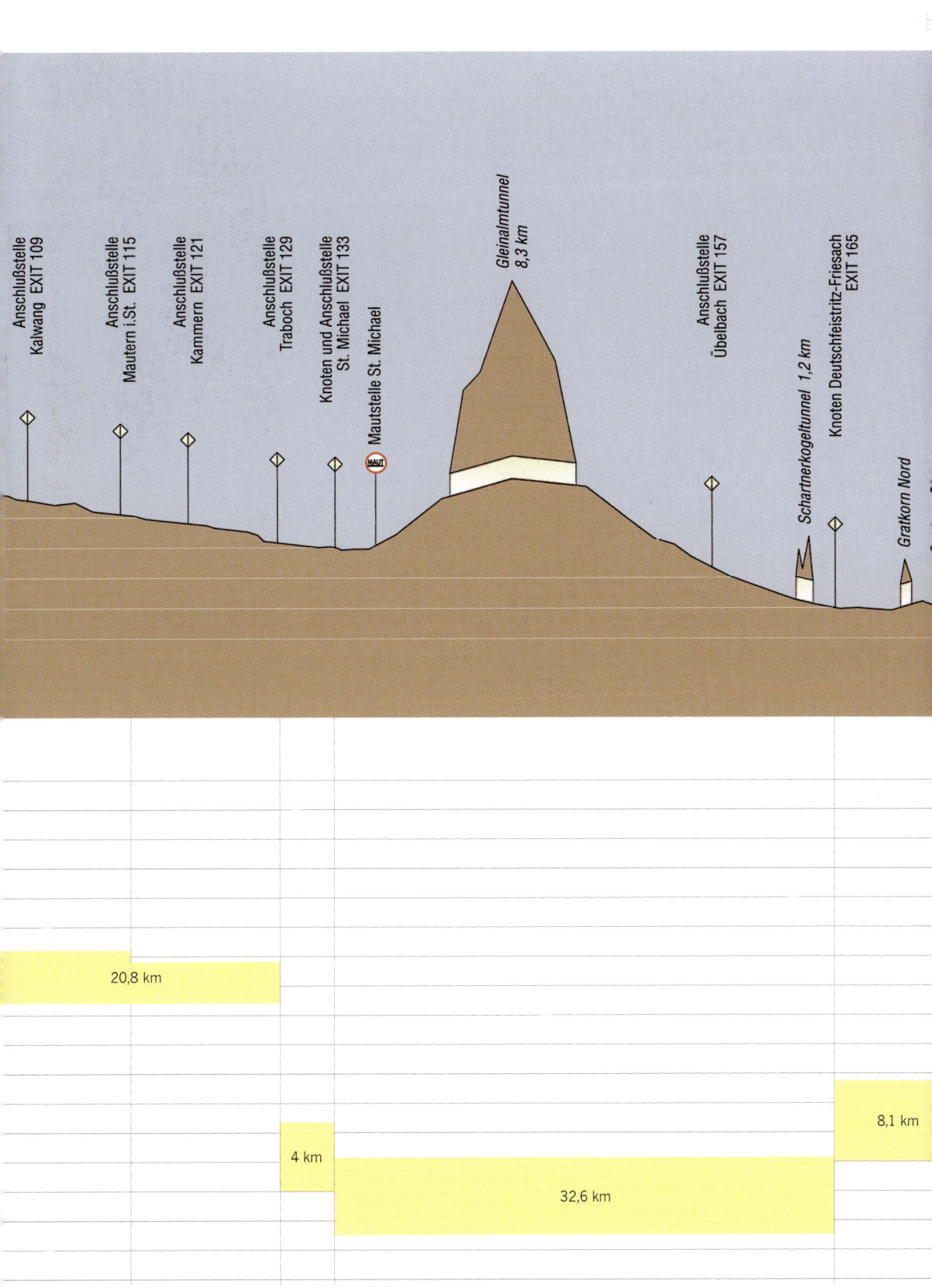

Anschlußstelle
Kalwang EXIT 109

Anschlußstelle
Mautern i.St. EXIT 115

Anschlußstelle
Kammern EXIT 121

Anschlußstelle
Traboch EXIT 129

Knoten und Anschlußstelle
St. Michael EXIT 133

Mautstelle St. Michael

Gleinalmtunnel
8,3 km

Anschlußstelle
Übelbach EXIT 157

Schartnerkogeltunnel 1,2 km

Knoten Deutschfeistritz-Friesach
EXIT 165

Gratkorn Nord

20,8 km

4 km

32,6 km

8,1 km

diagramm

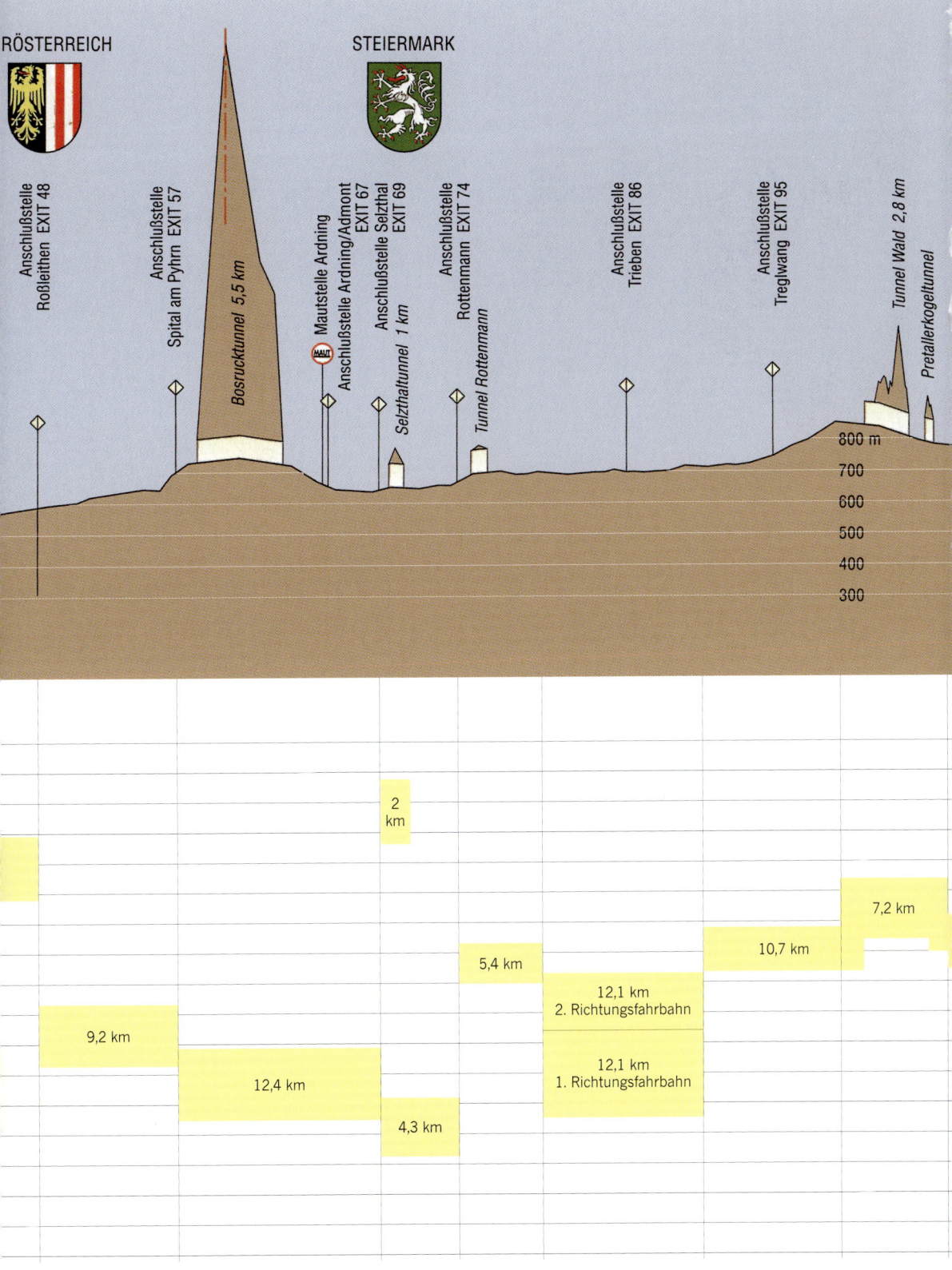

OBERÖSTERREICH                    STEIERMARK

Anschlußstelle Roßleithen EXIT 48

Anschlußstelle Spital am Pyhrn EXIT 57

Bosrucktunnel 5,5 km

Mautstelle Ardning

Anschlußstelle Ardning/Admont EXIT 67

Anschlußstelle Selzthal EXIT 69

Selzthaltunnel 1 km

Anschlußstelle Rottenmann EXIT 74

Tunnel Rottenmann

Anschlußstelle Trieben EXIT 86

Anschlußstelle Treglwang EXIT 95

Tunnel Wald 2,8 km

Pretallerkogeltunnel

800 m
700
600
500
400
300

2 km

7,2 km

5,4 km

10,7 km

12,1 km
2. Richtungsfahrbahn

9,2 km

12,4 km

12,1 km
1. Richtungsfahrbahn

4,3 km

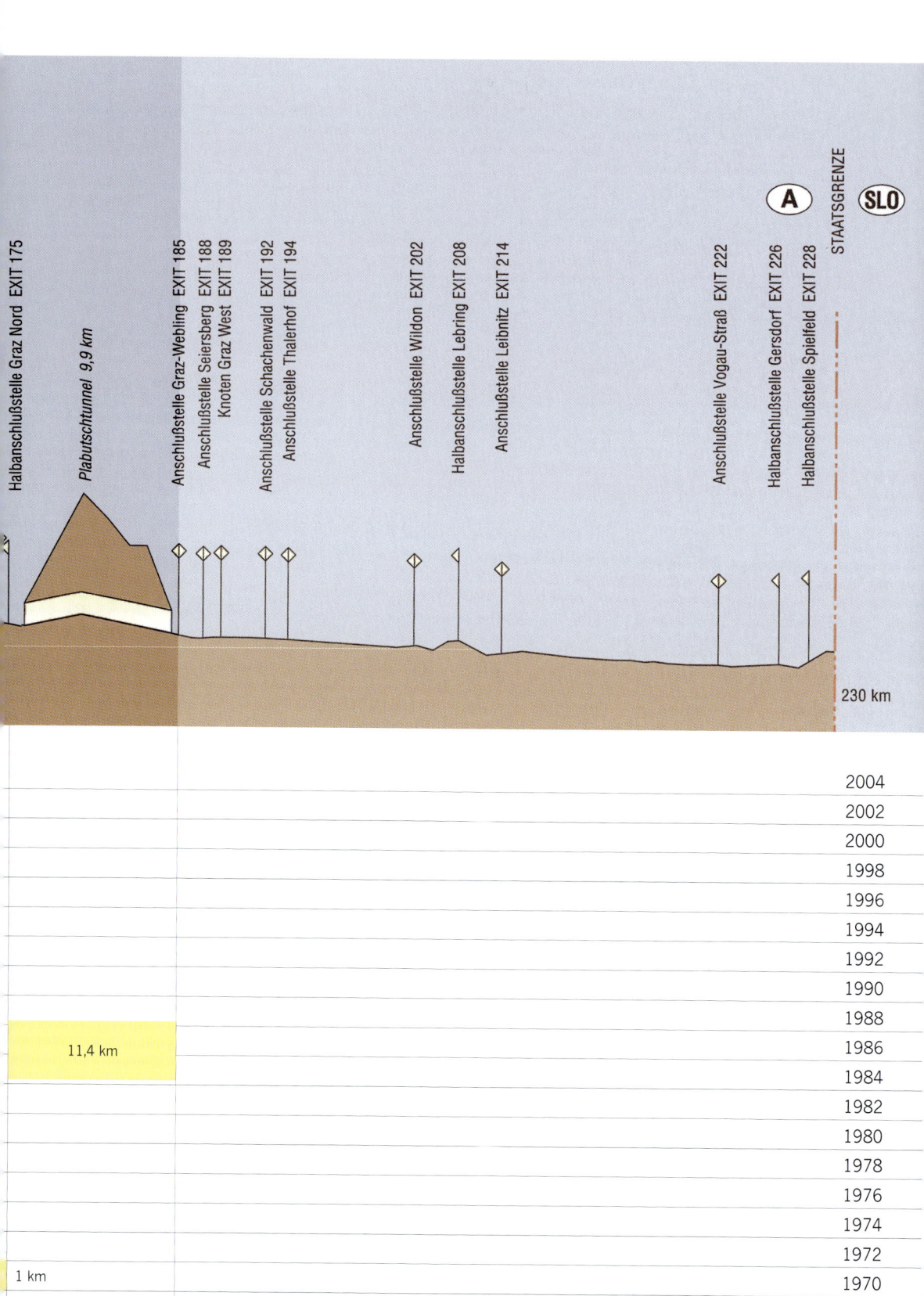

Halbanschlußstelle Graz Nord EXIT 175

*Plabutschtunnel 9,9 km*

Anschlußstelle Graz-Webling EXIT 185
Anschlußstelle Seiersberg EXIT 188
Knoten Graz West EXIT 189

Anschlußstelle Schachenwald EXIT 192
Anschlußstelle Thalerhof EXIT 194

Anschlußstelle Wildon EXIT 202
Halbanschlußstelle Lebring EXIT 208
Anschlußstelle Leibnitz EXIT 214

Anschlußstelle Vogau-Straß EXIT 222
Halbanschlußstelle Gersdorf EXIT 226
Halbanschlußstelle Spielfeld EXIT 228

STAATSGRENZE
(A)  (SLO)

230 km

2004
2002
2000
1998
1996
1994
1992
1990
1988
1986
1984
1982
1980
1978
1976
1974
1972
1970

11,4 km

1 km

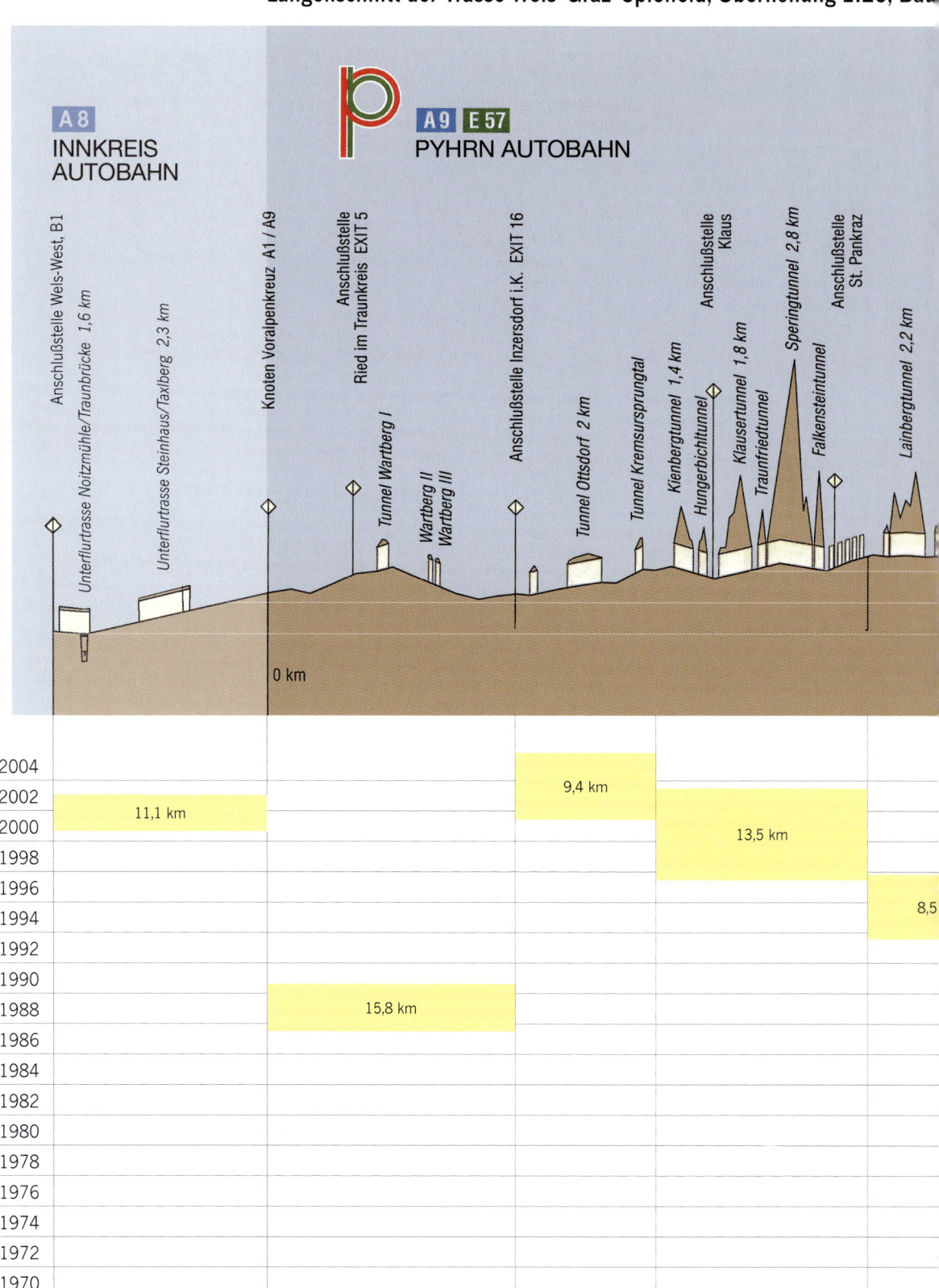

Längenschnitt der Trasse Wels–Graz–Spielfeld, Überhöhung 1:20, Bau

**A 8**
INNKREIS
AUTOBAHN

**A 9** **E 57**
PYHRN AUTOBAHN

Anschlußstelle Wels-West, B1
Unterflurtrasse Noitzmühle/Traunbrücke 1,6 km
Unterflurtrasse Steinhaus/Taxlberg 2,3 km
Knoten Voralpenkreuz A1 / A9
Anschlußstelle Ried im Traunkreis EXIT 5
Tunnel Wartberg I
Wartberg II
Wartberg III
Anschlußstelle Inzersdorf i.K. EXIT 16
Tunnel Ottsdorf 2 km
Tunnel Kremsursprungtal
Kienbergtunnel 1,4 km
Hungerbichltunnel
Anschlußstelle Klaus
Klausertunnel 1,8 km
Traunfriedtunnel
Speringtunnel 2,8 km
Falkensteintunnel
Anschlußstelle St. Pankraz
Lainbergtunnel 2,2 km

0 km

| Jahr | | | | | |
|---|---|---|---|---|---|
| 2004 | | | | 9,4 km | |
| 2002 | 11,1 km | | | | |
| 2000 | | | | | 13,5 km |
| 1998 | | | | | |
| 1996 | | | | | |
| 1994 | | | | | 8,5 |
| 1992 | | | | | |
| 1990 | | | | | |
| 1988 | | 15,8 km | | | |
| 1986 | | | | | |
| 1984 | | | | | |
| 1982 | | | | | |
| 1980 | | | | | |
| 1978 | | | | | |
| 1976 | | | | | |
| 1974 | | | | | |
| 1972 | | | | | |
| 1970 | | | | | |

Nowy, Walter: Die Geologie des Gleinalmtunnels (1. Teil: Tektonik). Mitteilungen der Geol. Ges., Wien, Okt. 1977

Nowy, Walter & Lein, R.: Zur Geologie des Bosruck-Autobahntunnels. Mitteilungen Geol. Ges., Wien 1984

Nowy, Walter, 2002: Geologische Dokumentation des Kienberg- und Klauser Tunnels. – Unveröffentlichter Abschlussbericht im Auftrag der ÖSAG

Nowy, Walter: Die Bedeutung der geologischen Betreuung vorauseilender Sondierstollen. Felsbau 7/1989 Nr.2

Oberösterreichische Landesregierung – Baudirektion: A 9 Pyhrn-Autobahn – Planungsstand. Linz, März 1975

Pacher, Franz: Die neue österreichische Tunnelbauweise. „Straßenbau & Technik", Nr. 6–7/1984

Pöchhacker, Horst: Road Tunnels in Austria. Statistics ÖIAZ, 142. Jg., Heft 4/1997

Pölsler, P., 1985: Die geologischen Verhältnisse im Plabutschtunnel. – Österreichische Bauwirtschaft, A 9 Pyhrnautobahn, BW I/ 85, Wien

Prinzenstein, Ilka (Hg.): Österreichs Autobahnen anläßlich der Fertigstellung des 1000. Autobahnkilometers. edition coordination, Wien 1983

Prochazka, Herbert: Die Beleuchtung des Gleinalmtunnels unter Berücksichtigung minimaler Betriebskosten und optimaler Ausleuchtung., ÖIAZ, 23. Jg., Heft 6/1980

Rabcewicz, Ludwig von & Pacher, F.: Die Elemente der Neuen österreichischen Tunnelbauweise und ihre geschichtliche Entwicklung., ÖIAZ, 18. Jg., Heft 9/1975

Rechnungshof: Tätigkeitsbericht 1980 über Einschau bei PAG. Österr. Staatsdruckerei, Wien 1981

Rechnungshof: Wahrnehmungsbericht über die PAG von 1988 bis 1991. Staatsdruckerei, Wien 1994

Ritschel, Karl Heinz: Tauernautobahn, Band 3. Fertigstellung bis 1980. Hg.: TAAG, Salzburg 1982

Römer, Gerd: Gestaltung von Mautstellen an Autobahnen. BMBT Straßenforschung, Heft 19, Wien 1974

Sailer, Hans & Rod, K. F.: Die Belüftungsanlagen des Gleinalmtunnels. ÖIAZ 23. Jg., Heft 6/1980

Schopf, Josef-Michael: Was bedeutet das „Schließen von Autobahn-Lücken" für die Verkehrssicherheit am Beispiel der Pyhrn-Autobahn? ÖIAZ, 136. Jg., Heft 5/1991

Steierwald, Gerd: Verkehrsuntersuchung Pyhrnautobahn. Situation 1980, Prognosen 1985 & 1990. Wien 1980

Theussl, Christian & Lückler, F. u. a.: Pyhrnautobahn in der Steiermark. Stmk. L.Reg., Fachabt. IIa, März 1988

Vilanek, Johann & Stratowa, W.: Die Brenner-Autobahn. Hg.: Brenner Autobahn AG., Innsbruck 1972

Vilanek, Johann: Tauernautobahn Scheitelstrecke (bis 21. 6. 1975). 2 Bände. Hg.: TAAG., Salzburg 1976

Vilanek, Johann: Der Arlberg-Straßen-Tunnel und die Zufahrtsrampen. Hg.: ASTAG, Innsbruck 1981

Wandschneider, Klaus: Design and Construction of super-highways in organic and unconsilidated soft soils. Paper presented at the Third International Conference on Geotextiles, Vienna 1986

Zibuschka, Friedrich: Anteil und Auswirkungen des Autobahnnetzes auf das Straßenverkehrsunfallgeschehen in Österreich. ÖIAZ, 135. Jg., Heft 11/1990

Zibuschka, Friedrich: Stellungnahme zu Knoflacher und Schopf in der gleichen ÖIAZ, 136. Jg., Heft 5/1991

Zibuschka, Friedrich: Ergänzung zur Gegenstellungnahme von Prof. Knoflacher. ÖIAZ, 136. Jg., Heft 9/1991

ALLE DATEN UND FAKTEN, gesammelt in Form von Foldern über einzelne Abschnitte:

Herausgegeben von der PAG mit Erscheinungsdatum:

St. Michael–Deutschfeistritz: 1978. Zweite Auflage zur Eröffnung des Gleinalmtunnels am 11. 08. 1978

Friesach–Graz-Nord: Zur Eröffnung am 29. 06. 1983

Abschnitt Trieben: 1982. Zweite Auflage zur Eröffnung im Herbst 1984

Bosruckabschnitt: Zum Tunneldurchschlag am 22. 01 1982. Zweite Auflage zur Eröffnung am 21. 10. 1983

Roßleithen–Spital am Pyhrn: Zur Eröffnung im August 1986

Sattledt–Inzersdorf: Zur Eröffnung im Juni 1990

Wald–Kalwang: Zur Eröffnung im Mai 1993


Herausgegeben von der ÖSAG (teilweise ohne Erscheinungsdatum):

Der Lainbergtunnel (von prov. Anschlussstelle St. Pankraz bis Roßleithen).

Schön–Lainberg/Nord: Die Klauser Tunnelkette. Juni 1997

Wels–Sattledt: Die Welser Westspange (A 8 Innkreisautobahn). März 1998

Lückenschluss Inzersdorf–Schön (A 9 Pyhrnautobahn). Juni 2001

Gesamtdarstellung mit Karte und Längenschnitt.

Richtiges Verhalten im Tunnel. Juli 1999

Gleinalmtunnel: Tunnelsicherheitsprogramm – sicherheitstechnische Aufrüstung. Juli 2002

Bosrucktunnel: Tunnelsicherheitsprogramm – sicherheitstechnische Aufrüstung. Juli 2002


GESCHÄFTSBERICHTE:

PAG von 1975 bis 1992. ÖSAG von 1993 bis 2002.


MITARBEITERZEITUNG:

ÖSAG aktuell von Heft 1/1995 bis Heft 2/2001

Fotonachweise:

Bundesminister Gorbach (Foto BMVIT)
Landeshauptmann Klasnic (Foto Stmk. Lreg)
Landeshauptmannstellvertreter Hiesl (Foto Oö. Lreg)
Vorstand Lückler, GF Schedl (Fotos ÖSAG/ASFINAG)

Flugbilder Cerny vom 1. 6. 1977 freigegeben v. BMfLV. mit Zahl 13080/226 v. 1. 11. 1977
Flugbilder Cerny vom 16. 5. 1980 freigegeben v. BMfLV. mit Zahl 13080/191 v. 1. 6. 1980
Flugbilder Cerny vom 13. 4. 1981 freigegeben v. BMfLV. mit Zahl 13080/155 v. 1. 6. 1981
Die späteren Luftbilder wurden aus den Archiven für die ÖSAG freigegeben.
Die Grafiken, wo nicht anders erwähnt, von ÖSAG.

Die weiteren Bilder stammen von:
ARCHIV ÖSAG: Seiten 63, 65, 75, 89, 92, 94, 96, 99, 108, 109, 111, 137 und Umschlagrückseite
ARCHIV PAG: Seiten 25–45, 47–62, 66, 67, 73, 77, 81, 121, 133, 135
BUBLIK: Seiten 46, 69, 93, 101, 127, 128, 139
DORRER: Seiten 107, 113
HEYSS: Seiten 79, 96
LENZ: Seiten 83, 85
LÜTGENDORF: Seite 54 (Grafik)
NOWY: Seiten 117, 118, 119 (Grafiken)
ÖBA (örtliche Bauaufsicht Klauser Tunnelkette): Seiten 90, 91, 102
RADERBAUER: Seite 67 und Umschlagvorderseite
STRABAG: Seite 97 (2 Bilder)

Umschlag-Vorderseite:
Blick aus der Umgebung des Gleinalmtunnel-Südportals das Kleintal abwärts in Richtung Übelbach.
Umschlag-Rückseite:
Das im Wald eingebettete Südportal des Bosrucktunnels.

Bublik, Edgar:
Die Autobahn der grünen Wälder
Graz–Wels – Chronik einer Straße
Manumedia Schnider Verlag OEG, 2003
ISBN 3-902020-22-9

Layout, Satz, Bildbearbeitung: Eduard Höller, www.edsign.at

Druck: Medienfabrik Graz